지식이
감동이 되는 책!

세상이 아무리 바쁘게 돌아가더라도
책까지 아무렇게나 빨리 만들 수는 없습니다.
어머니가 손수 지어주는 밥처럼
정성이 듬뿍 담긴 건강한 책을 만들고 싶습니다.

길벗스쿨은 쉽게 배우고 깨쳐 공부에 자신감을 주는 책,
재미와 감동으로 마음을 풍요롭게 해 주는 책으로
독자 여러분께 다가가겠습니다.

아이의 꿈을 키워 주는 정성을
지금, 만나보세요.

미리 책을 읽고 따라해본 2만 베타테스터 여러분과
무따기 체험단, 길벗스쿨 엄마 2% 기획단,
시나공 평가단, 토익 배틀, 대학생 기자단까지!
믿을 수 있는 책을 함께 만들어주신 독자 여러분께 감사드립니다.

홈페이지의 '독자마당'에 오시면
책을 함께 만들 수 있습니다.

(주)도서출판 길벗 www.gilbut.co.kr
길벗 이지톡 www.eztok.co.kr
길벗스쿨 www.gilbutschool.co.kr

기적의 문법 Plus 영작 2

지은이 주선이

길벗스쿨

저자 **주선이**

경북대학교 영어교육과를 졸업한 후, 중학교 교사를 지내고 대교교육정보연구소와 엔엑스씨(NXC)에서 근무하셨습니다. 학생들이 영어를 쉽게 배울 수 있도록 다수의 베스트셀러 영어 교재 개발과 애니메이션 개발에 참여하셨습니다. 현재는 캐치잇플레이에서 소셜 영어 학습 앱 '캐치잇 잉글리시'를 개발하고 계십니다.

저서 : Mentor Joy Vocabulary(피어슨에듀케이션코리아), Bricks Listening · Reading(사회평론), Reading Sense(빌드앤그로우), EBY 토킹클럽(에듀박스), Take Twos(언어세상), 바쁜 5 · 6학년을 위한 빠른 영어특강 영어 시제 편(이지스에듀), ReadWrite 알파벳 · 파닉스(사람in), 기적의 영어문장 만들기, 기적의 맨처음 영단어, 기적의 영어문장 트레이닝 800(길벗스쿨) 등

기적의 문법+영작 2
Miracle Series – Grammar + Writing 2

초판 발행 · 2016년 11월 10일
초판 11쇄 발행 · 2023년 9월 7일

지은이 · 주선이
발행인 · 이종원
발행처 · 길벗스쿨
출판사 등록일 · 2006년 7월 1일
주소 · 서울시 마포구 월드컵로 10길 56(서교동)
대표 전화 · 02)332-0931 | **팩스** · 02)323-0586
홈페이지 · www.gilbutschool.co.kr | **이메일** · gilbut@gilbut.co.kr

기획 및 책임 편집 · 김남희(sophia@gilbut.co.kr) | **표지 디자인** · 장기준
제작 · 김우식 | **영업마케팅** · 김진성, 문세연, 박선경, 박다슬 | **웹마케팅** · 박달님, 정유리, 권은나, 이재윤, 성채영
영업관리 · 정경화 | **독자지원** · 윤정아, 최희창

본문 디자인 · 박수연 | **편집진행 및 교정** · 한슬기, 박송현 | **전산편집** · 연디자인 | **삽화** · 하이툰
CTP 출력 및 인쇄 · 상지사 | **제본** · 신정

ISBN 979-11-6406-482-3 64740 (길벗 도서번호 30555)
        979-11-6406-480-9 (세트)
정가 15,000원

독자의 1초를 아껴주는 정성 길벗출판사
길벗 | IT실용서, IT/일반 수험서, IT전문서, 경제실용서, 취미실용서, 건강실용서, 자녀교육서
더퀘스트 | 인문교양서, 비즈니스서
길벗이지톡 | 어학단행본, 어학수험서
길벗스쿨 | 국어학습서, 수학학습서, 유아학습서, 어학학습서, 어린이교양서, 학습단행본, 교과서

길벗스쿨 공식 카페 〈기적의 공부방〉 · cafe.naver.com/gilbutschool
인스타그램 / 카카오플러스친구 · @gilbutschool

제품명 : 기적의 문법+영작 2
제조사명 : 길벗스쿨
제조국명 : 대한민국
전화번호 : 02-332-0931
주   소 : 서울시 마포구 월드컵로
            10길 56 (서교동)
제조년월 : 판권에 별도 표기
사용연령 : 10세 이상
KC마크는 이 제품이 공통안전기준에
적합하였음을 의미합니다.

영어를 공부하는 우리 친구들에게 가장 자주 듣는 질문 중의 하나는 "문법은 왜 공부해요?" 라는 것입니다. 문법(文法)이란 간단히 말하면 "문장(文章)을 만드는 법(法)", 즉 문장을 만드는 규칙을 말해요.

우리의 생각을 전하는 최소 단위인 문장을 쓰고 말할 줄 알려면, 우선 문장을 만드는 규칙을 배워야 해요. 물론 최대한 많은 문장을 직접 듣고 접해서 자연스럽게 영어를 습득하는 방법도 좋지만, 문법을 이용하면 그 습득 시간을 줄일 수 있을 뿐만 아니라, 자신의 생각과 의도를 글로 표현하고자 할 때 보다 정확하고 완성도 있게 나타낼 수 있어요. 그렇게 생각하면 문법은 아주 필요한 것이겠죠?

그래서 이 책은 먼저 문장을 이루는 규칙을 배운 뒤에, 이를 응용하여 영작 연습하는 순서로 이루어졌습니다. 뼈대 문장을 만든 뒤에, 수식하는 말을 덧붙이는 과정을 연습하면서 영작 원리를 익힐 수 있게 하였어요. 문장이 완성되는 원리를 터득하고 나면 어떤 문장이든 쉽게 술술 작성할 수 있을 거예요. 단, 여러 번 반복해서 연습하는 과정이 필요합니다.

이 책은 문장을 이루는 요소(주어, 동사, 목적어, 보어, 수식어)를 순서대로 배우도록 두 권의 시리즈로 구성하였습니다.
1권에서는 문장 맨 앞의 '주어' 자리에 올 수 있는 말들과 그 규칙, 그리고 주어 뒤에 나오는 '동사'의 여러 가지 종류와 시제에 관한 규칙을 알아보고, 부정문과 의문문 만드는 방법도 함께 익힙니다.
2권에서는 동사 뒤에 나오는 '보어'와 '목적어' 및 간접(직접)목적어, 목적보어에 관해 배우고, 뼈대 문장에 붙여 주는 살 역할을 하는 여러 가지 수식어와 그 규칙에 대해 알아봅니다.

두 권을 전부 꾸준히 반복하여 공부하고 나면 영어 일기나 편지, 각종 영작시험이 두렵지 않은 Writing Power를 갖게 될 거라 기대해 봅니다. 이 책으로 학습하는 모든 학생들을 응원하겠습니다.

2016년 11월 주선이

Step 1

Step 2

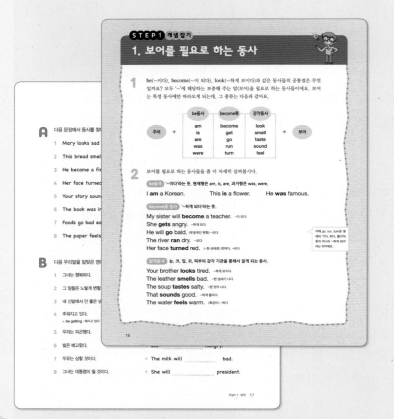

개념 잡기

영작을 위한 문법 규칙을 익히는 단계입니다. 문장을 이루는 성분들을 공부하여 정확한 영작을 할 수 있는 기초를 쌓습니다. Practice 문제들로 배운 내용을 확인하며 간단한 문장 쓰기에 도전합니다.

뼈대 문장 만들기

'개념 잡기'에서 배운 내용을 적용하여 문장 만들기 연습에 들어갑니다. 다양한 문장 구조를 접하며 직접 영작을 해봄으로써 자연스럽게 영어의 어순을 익히게 됩니다.

Step 3

Step 4

Step 3 페이지 내용 (뼈대 문장 살 붙이기)

STEP3 뼈대 문장 살 붙이기

형용사로 명사 보어 수식하기

deadly 치명적인   lively 활기찬, 경쾌한   timely 시기적절한
lonely 외로운   ugly 못생긴, 흉한   silly 어리석은
manly 남자다운   friendly 다정한, 친절한, 우호적인

She is a [lively] girl .
그녀는 활기찬 소녀이다.

1 그것은 활기찬 수업이었다. (class)

2 이것은 시기적절한 결정임에 틀림없다. (must, decision)

3 그는 외로운 예술가였다. (artist)

4 코브라는 치명적인 뱀이다. (cobra) ▸ cobra는 셀 수 있는 명사예요.

5 그것은 우호적인[다정한] 대화가 아니다. (conversation) ▸ conversation은 셀 수 있는 명사예요.

6 그것은 어리석은 생각일지도 모른다. (may, idea)

Part 1. 쓰여 31

Step 4 페이지 내용 (실전 테스트)

실전 테스트

중학교 시험에 나오는 서술형 주관식 평가 ②   출제 범위 | Part 3~5

1 다음 빈칸에 공통으로 들어갈 말을 쓰시오.
- He talked to _____.
- He cut _____ while cooking.
- He taught _____ instead of going to school.

[2-3] 다음 그림을 보고 주어진 단어를 사용하여 빈칸을 채우시오.

2

cook, decided, what, to

→ Amy _____ _____ for dinner.

3

know, turn off, to, when

→ She didn't _____ _____ the gas.

4 다음 우리말에 맞게 주어진 단어를 바르게 배열하시오.
우리는 그가 사라진 것을 알아냈다.
(that, he, disappeared, found, We)

5 다음 우리말에 맞게 빈칸에 알맞은 말을 쓰시오.
나는 그녀가 나를 좋아한다는 것을 알고 있다.
→ I know _____ _____.

[6-7] 다음 두 문장이 같은 뜻이 되도록 빈칸에 알맞은 단어를 쓰시오.
6 You should bring the book for me.
= You should bring _____ _____.

7 I showed him the picture.
= I showed _____ _____.

실전 테스트 109

[8-9] 각 문장 ⓐ와 ⓑ에 들어갈 _____ 골라 쓰시오.
8 ⓐ Grace will _____
  ⓑ I will _____ my bo
  lend send make

9 다음 문장에서 어법상 틀린 부 쓰시오.
I gave he _____

10 다음 우리말에 맞게 주어진 오. (필요하면 단어의 형태를 바꾸시
나는 그녀에게 조용히 하 (ask, quiet, her, the, q

[11-12] 다음 주어진 동사를 이용 꿔 쓰시오.
11 그녀는 내게 그녀를 도와달

12 그들은 그녀가 떠나기

110

뼈대 문장 살 붙이기

기본 뼈대 문장에 다양한 살(수식어)을 붙여서
문장을 더욱 풍부하고 완전하게 만들 수 있습니다.
보충하여 붙일 수 있는 살들의 성격을 알아보고
알맞은 위치에 넣는 방법을 배웁니다.

실전 테스트

충분한 영작 트레이닝을 거쳤으니 이제 '실전 테스트'
에 도전해 보세요. 중학교 내신 시험에 출제되는
서술형 문제 유형을 다양하게 담았습니다.
영작 자신감을 키우고, 중학교
시험 문제를 미리 경험해
볼 수 있는 코너입니다.

★ 학습 전에 미리 보는 단어장

파트별 중요 어휘를 수록한 단어장을 길벗스쿨
e클래스(eclass.gilbut.co.kr)에서 제공합니다.
본책 학습에 들어가기에 앞서 중요 어휘의 뜻을
확인하고, 문제를 풀며 정확하게 암기했는지
점검해 보세요. 단어를 미리 익히면 본책 학습이
훨씬 수월해 집니다.

★ 전체 예문 MP3 파일

본책에 수록된 문장을 원어민 음성으로 확인할 수
있는 MP3 파일을 제공합니다.
QR코드를 스캔하여 음원을 바로 듣거나,
다운로드할 수 있습니다.
본책 학습 후, 문장의 정확한 발음을 확인하는 데
활용해 보세요.

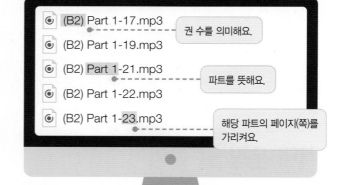

MP3 듣기   길벗스쿨 e클래스   eclass.gilbut.co.kr

학습 계획표

	공부할 내용		학습일
Part 0	미리 알아두면 좋아요 1~4	☐	/
Part 1	개념잡기 1, 2	☐	/
	개념잡기 3~5	☐	/
	뼈대 문장 만들기	☐	/
	뼈대 문장 살 붙이기	☐	/
Part 2	개념잡기 1, 2	☐	/
	개념잡기 3, 4	☐	/
	뼈대 문장 만들기	☐	/
	뼈대 문장 살 붙이기	☐	/
Test	실전 테스트 1	☐	/
Part 3	개념잡기 1~3	☐	/
	뼈대 문장 만들기	☐	/
	뼈대 문장 살 붙이기	☐	/
Part 4	개념잡기 1~3	☐	/
	뼈대 문장 만들기	☐	/
	뼈대 문장 살 붙이기	☐	/
Part 5	개념잡기 1~3	☐	/
	뼈대 문장 만들기	☐	/
	뼈대 문장 살 붙이기	☐	/
Test	실전 테스트 2	☐	/

	공부할 내용		학습일
Part 6	개념잡기 1, 2	☐	/
	개념잡기 3~5	☐	/
	뼈대 문장 만들기	☐	/
Part 7	개념잡기 1, 2	☐	/
	개념잡기 3, 4	☐	/
	뼈대 문장 만들기	☐	/
Test	실전 테스트 3	☐	/
Part 8	개념잡기 1, 2	☐	/
	개념잡기 3, 4	☐	/
	뼈대 문장 만들기	☐	/
Part 9	개념잡기 1, 2	☐	/
	개념잡기 3, 4	☐	/
	뼈대 문장 만들기	☐	/
Part 10	개념잡기 1~3	☐	/
	뼈대 문장 만들기	☐	/
Test	실전 테스트 4	☐	/

차례

명사
noun

사람, 동물, 장소나 물건 등 세상 모든 것의 이름을 나타내는 말이에요. 눈에 보이거나 보이지 않는 것, 셀 수 있거나 셀 수 없는 것들이 다 포함됩니다.

Ruth room

apple sheep boy idea

대명사
pronoun

한 번 나온 명사를 반복하지 않고 대신할 때 쓰는 말이에요.

boys	→	they, them
Mr. Gong	→	he, his, him
Mary	→	she, her
a dog	→	it

동사
verb

사람이나 사물의 상태나 동작을 나타내는 말이에요.

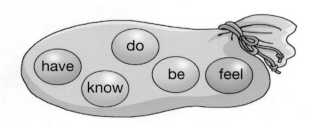

have   do   know   be   feel

형용사
adjective

명사를 꾸며주는 역할을 해요. 문장에서 보어로 쓰이기도 해요.

big
little
short
tall
thin
thick
+ letters

The trees are +
big
little
short
tall
thin
thick

부사
adverb

동사, 형용사, 부사, 또는 문장 전체를 꾸며서 그 의미를 좀 더 자세하게 나타내는 역할을 해요.

He sang
- **loudly.**
- **well.**
- **outside.**
- **yesterday.**

접속사
conjunction

단어와 단어, 구와 구, 문장과 문장을 이어주는 역할을 하는 말이에요.

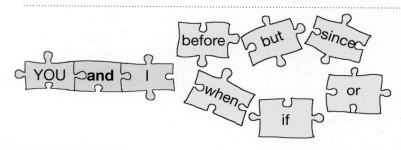

전치사
preposition

명사나 대명사 앞에서 위치나 장소, 시간을 나타내는 말이에요.

in the hole   **to** Busan   **at** three

감탄사
exclamation

감정을 나타내는 말이에요.

Oh, yes!
Wow!
Nice!
Hurray!

Yikes!
Ouch!
Oh!
Oops!

영어의 5가지 문장 성분

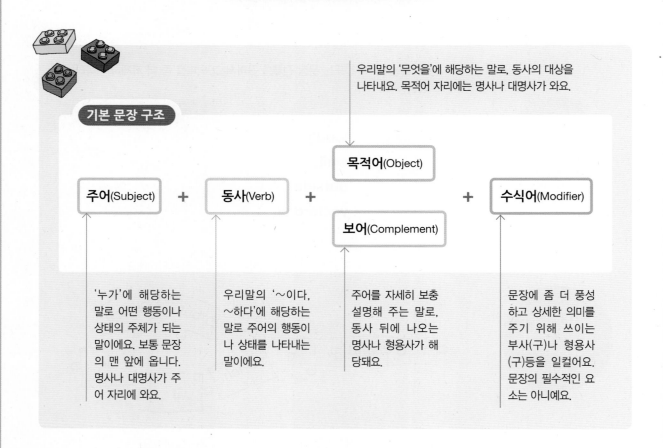

기본 문장 구조

우리말의 '무엇을'에 해당하는 말로, 동사의 대상을 나타내요. 목적어 자리에는 명사나 대명사가 와요.

목적어(Object)

주어(Subject) + 동사(Verb) + 보어(Complement) + 수식어(Modifier)

'누가'에 해당하는 말로 어떤 행동이나 상태의 주체가 되는 말이에요. 보통 문장의 맨 앞에 옵니다. 명사나 대명사가 주어 자리에 와요.

우리말의 '~이다, ~하다'에 해당하는 말로 주어의 행동이나 상태를 나타내는 말이에요.

주어를 자세히 보충 설명해 주는 말로, 동사 뒤에 나오는 명사나 형용사가 해당돼요.

문장에 좀 더 풍성하고 상세한 의미를 주기 위해 쓰이는 부사(구)나 형용사(구)등을 일컬어요. 문장의 필수적인 요소는 아니예요.

주격 보어와 목적격 보어

주어	+	동사	+	보어	
Amy		is		pretty.	주어에 대해 묘사하고 보충 설명하는 (주격) 보어

주어	+	동사	+	목적어	+	목적격 보어	
I		think		Amy		pretty.	목적어를 묘사하고 보충 설명하는 목적격 보어

간접목적어와 직접목적어

주어	+	동사	+	간접목적어	+	직접목적어	
Amy		gave		me		an apple.	어떤 동사는 목적어를 두 개 가지는 경우가 있어요. 이 때 '~에게'에 해당하는 목적어를 간접목적어, '~을/를'에 해당하는 목적어를 직접목적어라고 합니다.

영작할 때 주의해야 할 점

1 문장의 첫 단어는 항상 대문자로 시작해요.

2 다음과 같은 단어들은 항상 대문자로 써요.
  이름이나 특정 장소를 나타내는 고유 명사, 요일이나 달 이름,
  1인칭 주어 'I', 'Mr.[Ms] Kim'과 같은 직함은 항상 대문자로 써요.

3 하나의 문장에는 반드시 '주어'와 '동사'가 담겨야 해요.
  우리말에서는 동사가 문장 맨 뒤에 오지만 영어에서는 동사가 항상 주어 뒤에 와요.

4 문장 끝에는 마침표(.)나 물음표(?) 또는 느낌표(!)의 문장부호를 붙여서 문장이 끝났음을 알려줘야 해요.

5 다음과 같은 경우에는 쉼표(,)를 붙여요.
  두 가지 문장이 결합될 때, 같은 성격의 항목들을 나열할 때,
  문장 전체를 수식하는 부사나 접속어가 맨 앞에 와서 이를 구분할 때

이 책에 등장하는 용어

단수 · 복수

단수 | 한자어를 풀이하면 '하나의 수'라는 의미. 여러 개가 아닌 '하나'를 뜻합니다.

복수 | '여럿'이라는 의미로, 두 개 이상을 말합니다. 즉, 2개 이상이면 '복수'가 됩니다.
주어가 단수이냐 복수이냐에 따라 동사의 모양이 바뀌므로, 주어의 '수'가 하나인지 두 개 이상인지 구분하며 문장을 만들어야 해요.

부사구

동사를 꾸며주는 부사가 '구'로 이루어진 것을 말합니다. 즉 2개 이상의 단어가 결합되어 부사 역할을 하는 것이죠. 보통 '전치사+명사' 또는 '부사+부사' 형태로 이루어져요.

모음 · 자음

모음 | a, e, i, o, u

자음 | 그 외의 알파벳

be동사 · 일반동사

be동사 | be동사는 주어 뒤에 나오며 '~이다, 있다'라는 뜻을 지녀요. 주로 주어의 상태나 존재를 나타내죠. 바로, am/are/is가 be동사예요. 원형이 be이기 때문에 be동사라고 불러요.
(과거형은 was/were, 과거분사형은 been)

일반동사 | be동사와 조동사를 제외한 모든 동사를 말합니다. 공부하다 study, 사다 buy, 씻다 wash 등 동작이나 행위를 나타내는 일반적인 동사들을 말합니다.

PART **1**

보어

1. 보어를 필요로 하는 동사

1 be(~이다), become(~이 되다), look(~하게 보이다)과 같은 동사들의 공통점은 무엇일까요? 모두 '~'에 해당하는 보충해 주는 말(보어)을 필요로 하는 동사들이에요. 보어는 특정 동사에만 따라오게 되는데, 그 종류는 다음과 같아요.

주어	+	be동사	become류	감각동사	+	보어
		am	become	look		
		is	get	smell		
		are	go	taste		
		was	run	sound		
		were	turn	feel		

2 보어를 필요로 하는 동사들을 좀 더 자세히 살펴봅시다.

be동사 '~이다'라는 뜻. 현재형은 am, is, are, 과거형은 was, were.

I **am** a Korean.   This **is** a flower.   He **was** famous.

become류 동사 '~하게 되다'라는 뜻.

My sister will **become** a teacher. ~이 되다
She **gets** angry. ~하게 되다
He will **go** bald. (부정적인 변화) ~되다
The river **ran** dry. ~되다
Her face **turned** red. (~한 상태로) 변하다, ~되다

> 이때 go, run, turn은 원래의 '가다, 뛰다, 돌다'의 뜻이 아니라 '~하게 되다'라는 의미에요.

감각동사 눈, 코, 입, 귀, 피부의 감각 기관을 통해서 알게 되는 동사.

Your brother **looks** tired. ~하게 보이다
The leather **smells** bad. ~한 냄새가 나다
The soup **tastes** salty. ~한 맛이 나다
That **sounds** good. ~하게 들리다
The water **feels** warm. (촉감이) ~하다

A 다음 문장에서 동사를 찾아 밑줄 긋고, 그 동사의 뜻을 쓰세요.

1 Mary looks sad today. ( )

2 This bread smells good. ( )

3 He became a firefighter. ( )

4 Her face turned pale. ( )

5 Your story sounds very fun. ( )

6 The book was interesting. ( )

7 Foods go bad easily in summer. ( )

8 The paper feels rough. ( )

B 다음 우리말을 알맞은 영어 표현으로 고쳐 문장을 완성하세요.

1 그녀는 행복하다. → She _____ happy.

2 그 잎들은 노랗게 변할 것이다. → The leaves will _____ yellow.

3 네 신발에서 안 좋은 냄새가 난다. → Your shoes _____ bad.

4 추워지고 있다. → It is _____ cold.
  ▶ be getting ~해지고 있다

5 우리는 피곤했다. → We _____ tired.

6 빌은 배고팠다. → Bill _____ hungry.

7 우유는 상할 것이다. → The milk will _____ bad.

8 그녀는 대통령이 될 것이다. → She will _____ president.

2. 보어 자리에 오는 명사와 형용사

1 보어 자리에는 명사나 형용사가 올 수 있어요. 동사 뒤에 명사 보어가 오는 경우에는 주어의 신분이나 정체를 설명해 줍니다. 이때 '주어 = 명사 보어'의 관계가 만들어져요.

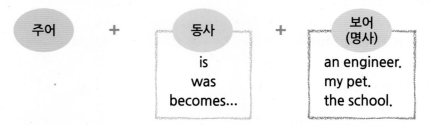

This is **an ant**.   이것은 개미다. (This = an ant)
My sisters are **students**.   내 여동생들은 학생이다. (My sisters = students)
He became **an actor**.   그는 배우가 되었다. (He = an actor)

> **Plus 1** 명사를 쓸 때는 셀 수 있는 명사인지 아닌지를 구분해 써야 해요.
>
> ① 셀 수 있는 명사: 하나일 때 명사 앞에 a/an을, 둘 이상일 때 명사 끝에 -s/-es를 붙인다.
> ② 셀 수 없는 명사: a/an, -(e)s 등을 붙이지 않고 단수 형태로 쓴다.

> **Plus 2** 고유명사는 반드시 첫 글자를 대문자로 써야 해요.
>
> ① Ben, Jane과 같은 사람 이름 　　② Korea, Japan과 같은 지명
> ③ Friday, Sunday와 같은 요일 　　④ May, November와 같은 달의 이름

2 형용사는 생김새나 모양, 색깔, 성질을 나타내는 말로, 명사를 꾸며 주거나 보어로 쓰입니다. 형용사 보어는 주어의 상태나 모습을 설명해 줘요.

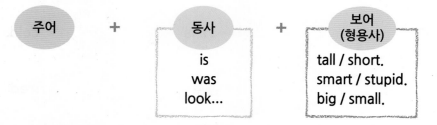

My brothers are **tall**.   나의 형들은 키가 크다.
This soup is **delicious**.   이 수프는 맛있다.
The woman looked **happy**.   그 여자는 행복해 보였다.

A 다음 각 문장의 주어에는 동그라미 하고 보어에는 밑줄을 그으세요.

1 The sun is a star.

2 They must be busy.

3 Ben and Ted became our friends.

4 Those are new shoes.

5 He has become a doctor.

6 Her actions will become history.

7 Amy is smart.

8 Your shirt looks good.

B 다음 명사 앞에 **a**나 **an**을 넣으세요. 필요 없는 경우에는 X 표 하세요.

1 (   ) city   2 (   ) teacher   3 (   ) enemy   4 (   ) woman

5 (   ) artist   6 (   ) English   7 (   ) Seoul   8 (   ) Tom

9 (   ) sugar   10 (   ) genius   11 (   ) idiot   12 (   ) information

▶ sugar, information은 셀 수 없는 명사에요. / enemy 적 / genius 천재 / idiot 바보, 천치

C 다음 보어에 해당하는 우리말을 알맞은 영어 표현으로 고쳐 문장을 완성하세요.

1 It must be 실수.   ➡ _____

2 She will become 가수.   ➡ _____

3 He cannot be 김 선생님.   ➡ _____

4 Mary became 여배우.   ➡ _____

5 They were 적들.   ➡ _____

6 These are 안경.   ➡ _____

▶ mistake 실수 / Mr. (남자의 성 앞에 붙여서) ~씨, 선생 / actress 여배우
▶ glasses(안경)는 항상 복수형으로 써요.

3. 형용사의 모양

1 형용사들의 다양한 형태를 살펴봅시다. 형용사는 대부분 -y로 끝나요.

'명사+y'로 만들어진 형용사

salt → salty
짠

dust → dusty
먼지가 낀

luck → lucky
행운의

sun → sunny
해가 비치는

cloud → cloudy
흐린

wind → windy
바람 부는

2 또한 -ly로 끝나는 형용사들도 있는데, 이들은 부사로 착각하기 쉬워요.

'명사+ly'로 만들어진 형용사

friend → friendly
다정한

love → lovely
사랑스러운

month → monthly
매월의

day → daily
매일의

week → weekly
매주의

year → yearly
매년의

body → bodily
신체상의

cost → costly
값이 비싼

coward → cowardly
겁 많은

Plus 형용사 뒤에 -ly가 붙으면 부사가 돼요.

quick → quickly
빠른   빠르게

kind → kindly
친절한   친절하게

slow → slowly
느린   느리게

terrible → terribly
끔찍한   끔찍하게

happy → happily
행복한   행복하게

easy → easily
쉬운   쉽게

3 형용사와 부사의 모양이 똑같은 경우도 있어요.

형용사와 부사의 모양이 같은 단어들

fast 빠른, 빠르게

late 늦은, 늦게

high 높은, 높게

early 이른, 일찍

hard 단단한, 어려운, 열심히

near 가까운, 가까이

다음 주어진 단어를 형용사로 바꿔 쓰세요.

1 sun   →
2 noise   →
3 fast   →
4 luck   →
5 beautifully →
6 early   →
7 week   →
8 cloud   →
9 day   →
10 high   →
11 quickly   →
12 kindly   →
13 love   →
14 terribly   →

 괄호 안의 형용사와 부사 중 문장의 쓰임에 맞는 것을 골라 동그라미 하세요.

▶ 형용사는 문장에서 보어 역할을, 부사는 동사를 수식하는 역할을 해요.

1 He runs (quick, quickly).
2 He looks (sad, sadly).
3 She writes (careful, carefully).
4 She learns (slow, slowly).
5 They behave (good, well).
6 Your English is (good, well).
7 My skin feels (rough, roughly).
8 This smells (bad, badly).
9 Brian is (noisy, noisily).
10 The bread became (hard, hardly).
11 Jane treats me (kind, kindly).
12 They lived (happy, happily).
13 The accident was (terrible, terribly).
14 I solved the problem (easy, easily).

▶ behave 행동하다 / treat 다루다

4. 보어 자리에 오는 동명사, to 부정사

1 동명사와 to 부정사 또한 보어 역할을 할 수 있어요. 동명사나 to 부정사가 동사의 성질을 지닌 채로 명사 역할을 하기 때문이에요. 둘 다 '~하기'나 '~하는 것'이라고 해석해요.

주어 + be동사 + 동명사 보어 / to 부정사 보어

My hobby is **reading** books. (My hobby = reading books)
　　　　　= **to read** books
나의 취미는 **책을 읽는 것**이다.

His job is **writing** books. (His job = writing books)
　　　　　= **to write** books
그의 직업은 **책을 쓰는 것**이다.

Plus be동사 뒤에 -ing가 올 때, 해석해서 '주어 = 보어' 관계가 성립되지 않는다면 진행형을 나타내는 표현이에요. 이때 -ing는 동명사가 아니라 현재분사예요.

I am **reading** books. (I ≠ reading books)
나는 책을 읽는 중이다.

He is **writing** books. (He ≠ writing books)
그는 책을 쓰는 중이다.

2 to 부정사는 문장에서 명사, 형용사, 부사의 다양한 역할을 합니다. 그 중 to 부정사가 명사 역할을 하여 주어, 목적어, 보어 자리에 올 때 이를 'to 부정사의 명사적 용법'이라고 해요.

[주　어] **To read books** is fun. 책을 읽는 것은 재미있다.
[목적어] I want **to read books**. 나는 책을 읽기를 원한다.(= 책을 읽고 싶다)
[보　어] My hobby is **to read books**. 내 취미는 책을 읽는 것이다.

다음 우리말을 주어진 동사를 이용하여 동명사와 to 부정사로 표현하세요.

| travel | learn | listen | become | shake | play |

1 기타를 연주하는 것

① _____ the guitar

② _____ the guitar

2 세계를 여행하는 것

① _____ around the world

② _____ around the world

3 영어를 배우는 것

① _____ English

② _____ English

4 음악을 감상하는[듣는] 것

① _____ to music

② _____ to music

5 다리를 떠는[흔드는] 것

① _____ legs

② _____ legs

6 유명해지는 것

① _____ famous

② _____ famous

B 다음 주어진 단어들을 바르게 배열하여 문장을 완성하세요.

1 그녀의 취미는 인형을 수집하는 것이다. (collecting, is, Her hobby, dolls)

→ _____ .

2 모나의 꿈은 정치가가 되는 것이다. (is, a politician, becoming, Mona's dream)

→ _____ .

3 우리의 희망은 그 문제를 해결하는 것이었다. (to solve, Our hope, was, the problem)

→ _____ .

4 그녀의 습관은 손톱을 물어뜯는 것이다. (is, her nails, Her habit, biting)

→ _____ .

5. 보어 자리에 오는 현재분사, 과거분사

1 현재분사(-ing)나 과거분사(-ed)는 형용사 역할을 해요. 따라서 보어 자리에도 올 수 있어요.

주어 + be동사 + 현재분사(-ing) / 과거분사(-ed)

His classes are **interesting**. 그의 수업들은 흥미롭다.

Emily is **excited**. 에밀리는 신났다.

2 현재분사와 과거분사 둘 다 형용사 역할을 하지만 의미의 차이가 있어요. 직접 능동적으로 하는 행동은 현재분사를 쓰고, 수동적으로 당하는 입장은 과거분사를 써요.

 bore 지루하게 하다

능동 (현재분사)	수동 (과거분사)
boring 지루한(지루하게 하는)	**bored** 지겨운(지루해진)
The book is **boring**. 그 책은 지루하다.	He is **bored**. 그는 지루하다.

 surprise 놀라게 하다

능동 (현재분사)	수동 (과거분사)
surprising 놀라운(놀라게 하는)	**surprised** 놀란
The news is **surprising**. 그 소식은 놀랍다.	I am **surprised**. 나는 놀랐다.

주어진 동사의 현재분사와 과거분사를 써서 우리말을 영어로 옮기세요.

1 **excite** 흥분하게 하다

① 그 경기는 흥미진진했다.   ➡ The game was _____ .

② 그 소년은 신이 나 보였다.   ➡ The boy looked _____ .

2 **interest** 흥미롭게 하다

① 그 책은 흥미롭다.   ➡ The book is _____ .

② 그 소녀는 흥미를 느꼈다.   ➡ The girl is _____ .

3 **impress** 깊은 인상[감동]을 주다

① 그 영화는 인상적이었다.   ➡ The movie was _____ .

② 그들은 감동받았다.   ➡ They were _____ .

4 **shock** 충격을 주다

① 그 사진은 충격적이었다.   ➡ The picture was _____ .

② 나는 충격을 받았다.   ➡ I was _____ .

5 **move** 마음을 뭉클하게 하다

① 그녀의 이야기는 뭉클하게 했다.   ➡ Her story was _____ .

② 우리는 가슴이 뭉클했다.   ➡ We were _____ .

6 **confuse** 혼란스럽게 하다

① 그 문제는 혼란스럽다(헷갈린다).   ➡ The problem is _____ .

② 그 학생은 혼란스러워 보인다.   ➡ The student looks _____ .

7 **amaze** 놀라게 하다

① 그 소년의 작품은 놀라웠다.   ➡ The boy's work was _____ .

② 그의 어머니는 깜짝 놀랐다.   ➡ His mother was _____ .

Practice 1 보어 자리에 오는 명사

주어(S)	+	동사(V)	+	보어(C)
She		is		an actress.
He		became		a millionaire.

1 서울은 도시이다.
  ▶ city는 셀 수 있는 명사예요.

  → _____ _____ _____ .
    서울은   ～이다   도시

2 우리는 학생이다.

  → _____ _____ _____ .
    우리는   ～이다   학생들

3 그것은 나의 실수가 아니었다.

  → _____ _____ _____ .
    그것은   ～이 아니었다   나의 실수

4 수영은 좋은 운동이다.
  ▶ 동명사가 주어일 때는 단수 취급해요.

  → _____ _____ _____ .
    수영은   ～이다   좋은 운동

5 마이크(Mike)는 음악가일지도 모른다.
  ▶ may ～일지도 모른다

  → _____ _____ _____ .
    마이크는   ～일지도 모른다   음악가

6 낸시(Nancy)는 조종사가 될 것이다.
  ▶ will ～일 것이다 / become ～이 되다

  → _____ _____ _____ .
    낸시는   ～이 될 것이다   조종사

7 그녀는 시장이 되었다.
  ▶ mayor(시장), president(대통령)와 같이 관직이나 신분을 나타내는 명사 앞에는 대개 관사를 쓰지 않아요.

  → _____ _____ _____ .
    그녀는   ～이 되었다   시장

8 나의 형은 중학생이다.

  → _____ _____ _____ .
    나의 형은   ～이다   중학생

힌트

보어 musician, pilot, mayor, mistake, middle school student, city, sport, student

주어(S)	+	동사(V)	+	보어(C)
She		is		smart.
He		became		unhappy.

★ be동사 / become류 동사 (get, run, turn)

1 내 친구는 다정하다.

→ _____ _____ _____ .
　　내 친구는　　　　　　　　　　　～이다　　　　다정한

2 그녀의 개는 사랑스러웠다.

→ _____ _____ _____ .
　　그녀의 개는　　　　　　　　　～이었다　　　사랑스러운

3 (시간이) 늦어지고 있다.

▶ 시간은 비인칭주어 it으로 나타내요. / get late 늦어지다

→ _____ _____ _____ .
　　(비인칭주어)　　　～해지고 있다　　　　　　　　늦은

4 사람들은 나이가 들어간다.

▶ get older 나이가 들어가다

→ _____ _____ _____ .
　　사람들은　　　　　　　　　　～해진다　　　　더 늙은

5 네 부모님은 화를 내지 않을 것이다.

▶ get angry 화를 내다

→ _____ _____ _____ .
　　너의 부모님은　　　　　～하지 않을 것이다　　　화난

6 그 사과들은 빨갛게 변해가고 있다.

▶ 색의 변화를 나타낼 때는 주로 동사 turn을 써요.

→ _____ _____ _____ .
　　그 사과들은　　　　　～하게 변하고 있다　　　　빨간

7 그녀의 얼굴은 창백해졌다.

▶ turn pale 창백해지다

→ _____ _____ _____ .
　　그녀의 얼굴은　　　　　～해졌다　　　　　　　창백한

8 이 우물은 말라 버렸다.

▶ 과거에 말라 버려서 현재 물이 없는 상태는 현재완료
(have+p.p)로 표현해요. / run dry 마르게 되다

→ _____ _____ _____ .
　　이 우물은　　　　　　　　～해졌다　　　　　　마른

힌트

보어　lovely, friendly, red, angry, older, pale, late, dry

★ 감각 동사 (look, smell, taste, sound, feel)

9 그는 젊어 보인다.

→ _____ _____ _____ .

그는   ~해 보인다   젊은

10 이 사탕은 달다(단 맛이 난다).

→ _____ _____ _____ .

이 사탕은   ~한 맛이 난다   단, 달콤한

11 그 음식에서는 안 좋은 냄새가 난다.

→ _____ _____ _____ .

그 음식은   ~한 냄새가 난다   나쁜, 안 좋은

12 저것은 이상하게 들린다.

→ _____ _____ _____ .

저것은   ~하게 들린다   이상한

13 이 물은 차갑다(차갑게 느껴진다).

→ _____ _____ _____ .

이 물은   ~하게 느껴진다   차가운

14 좋은 약은 입에 쓰다(쓴 맛이 난다).

▶ medicine은 셀 수 없는 명사예요.

→ _____ _____ _____ .

좋은 약은   ~한 맛이 난다   쓴

15 우리 선생님은 슬퍼 보였다.

→ _____ _____ _____ .

나의 선생님은   ~해 보였다   슬픈

16 이 천은 부드럽지 않다
(부드럽게 느껴지지 않는다).

▶ cloth 천

→ _____ _____ _____ .

이 천은   ~하게 느껴지지 않는다   부드러운

17 그 커피는 뜨거워 보였다.

→ _____ _____ _____ .

그 커피는   ~해 보였다   뜨거운

18 하늘이 어두워 보인다.

→ _____ _____ _____ .

하늘은   ~해 보인다   어두운

힌트

보어   bitter, sweet, strange, sad, soft, young, bad, cold, hot, dark

Practice ③ 보어 자리에 오는 동명사, to 부정사

주어(S) + 동사(V) + 보어(C)

My hobby   is   listening to music. (동명사)
to listen to music. (to부정사)

1 마이크(Mike)의 취미는 컴퓨터 게임을 하는 것이다. ▶ play computer games 컴퓨터 게임을 하다

➡ _____ _____ _____.

    마이크의 취미는   ~이다   컴퓨터 게임을 하는 것

2 나의 취미는 기타를 연주하는 것이다. ▶ play the guitar 기타를 연주하다

➡ _____ _____ _____.

    나의 취미는   ~이다   기타를 연주하는 것

3 나의 희망은 우주 비행사가 되는 것이다. ▶ become ~이 되다 / an astronaut 우주 비행사

➡ _____ _____ _____.

    나의 희망은   ~이다   우주 비행사가 되는 것

4 그의 꿈은 세계를 여행하는 것이다. ▶ travel around the world 세계 여행을 하다

➡ _____ _____ _____.

    그의 꿈은   ~이다   세계를 여행하는 것

5 그녀의 직업은 영어를 가르치는 것이다.

➡ _____ _____ _____.

    그녀의 직업은   ~이다   영어를 가르치는 것

6 닉(Nick)의 습관은 코를 파는 것이다. ▶ habit 습관 / pick one's nose 코를 파다

➡ _____ _____ _____.

    닉의 습관은   ~이다   코를 파는 것

주어(S) + 동사(V) + 보어(C)

The movie   is   amazing. (현재분사)
They   look   tired. (과거분사)

1 그녀는 놀랐다.

▶ surprise 놀라게 하다

       _____ .
그녀는   ~이었다   놀란

2 그 책은 재미있겠다.

       _____ .
그 책은   ~하게 들린다   흥미로운

3 이 영화는 지루하다.

       _____ .
이 영화는   ~이다   지루한

4 우리는 혼란스러웠다.

       _____ .
우리는   ~이었다   혼란스러운

5 그 소식은 충격적이었다.

▶ news는 셀 수 없는 명사로 단수 취급해요.

       _____ .
그 소식은   ~이었다   충격을 주는

6 나는 피곤했다.

       _____ .
나는   ~이었다   피곤한

7 그들은 기분 좋아[기뻐] 보였다.

▶ please 기쁘게 하다

       _____ .
그들은   ~하게 보였다   기분 좋은

8 그 음악은 놀랍다[대단하다].

       _____ .
그 음악은   ~이다   놀라운

힌트

보어   surprise, interest, bore, confuse, shock, tire, amaze, please

---

형용사로 명사 보어 수식하기

deadly 치명적인   lively 활기찬, 명랑한   timely 시기적절한

lonely 외로운   ugly 못생긴, 흉한   silly 어리석은

manly 남자다운   friendly 다정한, 친절한, 우호적인

She is a ↳ lively girl .

그녀는 **활기찬** 소녀이다.

---

1 그것은 활기찬 수업이었다. (class)

➡ _____ .

2 이것은 시기적절한 결정임에 틀림없다. (must, decision)

➡ _____ .

3 그는 외로운 예술가였다. (artist)

➡ _____ .

4 코브라는 치명적인 뱀이다. (cobra)   ▶ cobra는 셀 수 있는 명사예요.

➡ _____ .

5 그것은 우호적인[다정한] 대화가 아니다. (conversation)   ▶ conversation은 셀 수 있는 명사예요.

➡ _____ .

6 그것은 어리석은 생각일지도 모른다. (may, idea)

➡ _____ .

7 이것은 흉측한 건물이다.

➡ _____ .

8 그녀는 못생긴 소녀이다.

➡ _____ .

and로 보어 연결하기

The girl is friendly and lovely . 그 소녀는 **다정하고 사랑스럽다.**
= The girl is friendly + She is lovely.

Her job is singing and dancing . 그녀의 직업은 **노래하고 춤추는 것**이다.
= Her job is singing. + Her job is dancing.

▶ 보어 자리에 오는 형용사나 동명사, 분사를 and로 연결해서 나열할 수 있어요.

9 비가 오고 바람이 분다. (rainy, windy)   ▶ 날씨를 나타낼 때는 비인칭주어 it을 써요.

➡ _____ .

10 그녀의 피부는 거칠고 건조하게 느껴졌다. (rough, dry)

➡ _____ .

11 잭(Jack)은 시끄럽고 어리석다. (noisy, silly)

➡ _____ .

12 그 수학 선생님은 젊고 다정했다.

➡ _____ .

13 그 사과들은 달콤하고 싱싱해 보인다. (sweet, fresh)

   ➡ _____ .

14 하늘이 어둡고 흐려 보인다. (dark, cloudy)

   ➡ _____ .

15 그 소년은 활기차고 남자다워졌다. (become, manly)

   ➡ _____ .

16 나의 취미는 독서와 음악 감상이다.

   ➡ _____ .

17 우리는 피곤하고 지루했다. (tire, bore)

   ➡ _____ .

부사로 보어 수식하기

quite 꽤   very 매우   a little 약간, 좀

▶ 부사는 형용사 보어 앞에 쓰여서 형용사의 의미를 강조해 줘요.

He is ↘ very handsome . 그는 **매우** 잘생겼다.

I am ↘ a little busy . 나는 **약간[좀]** 바빠.

---

18 (날씨가) 꽤 따뜻하다. (quite)

   ➡ _____ .

19 그 시험은 꽤 쉬웠다. (test)

→ _____ .

20 내 사촌은 약간 뚱뚱하다. (fat)

→ _____ .

21 그 수프는 매우 뜨거워 보였다.

→ _____ .

22 내 여동생은 매우 낯을 가린다[수줍어한다]. (shy)

→ _____ .

형용사 보어에 전치사구 덧붙이기

형용사 + at

be angry at ~에 화가 나 있다
be good[poor] at ~에 능숙하다[서툴다]
be surprised at ~에 놀라다

형용사 + to/in

be kind to ~에게 친절하다
be friendly to ~에게 다정하다
be interested in ~에 관심이[흥미가] 있다

형용사 + for

be ready for ~할 준비가 되다
be famous for ~로 유명하다
be late for ~에 늦다[지각하다]
be good for ~에 좋다

형용사 + of

be afraid of ~을 두려워하다
be full of ~로 가득 차다
be proud of ~을 자랑으로 여기다
be tired of ~에 싫증이 나다

▶ 일부 형용사는 그 뒤에 '전치사+명사'로 구성된 전치사구가 올 수 있어요. 이 경우의 형용사는 특정 전치사와 같이 다니므로 전치사와 함께 한 덩어리로 익혀 두는 게 좋아요. 전치사 뒤에는 반드시 명사, 대명사의 목적격, 또는 동명사가 옵니다.

23 그는 나에게 화가 나 있다.

→ _____ .

24 내 친구들은 축구를 잘한다. (soccer)

➡ _____.

25 메리(Mary)는 요리를 잘 못한다. ▶ 전치사 뒤에 동사가 올 때는 동명사 형태로 와야 해요.

➡ _____.

26 그녀는 그 결과에 놀랄 것이다. (result)

➡ _____.

27 자연은 우리에게 친절해 왔다. ▶ nature는 셀 수 없는 명사예요. / '~해 왔다'는 현재완료 시제로 써요.

➡ _____.

28 그녀는 낯선 사람들에게도 다정했다. (strangers)

➡ _____.

29 파브르(Fabre)는 곤충을 연구하는 데 관심이 있었다. (study, insects)

➡ _____.

30 우리는 학교에 갈 준비가 되었다.

➡ _____.

31 그녀는 그녀의 책들로 유명하다.

➡ _____.

32 그 공원은 많은 나무들로 유명하다. (many)

  ➡ _____ .

33 운동하는 것은 건강에 좋다. (exercising)

  ➡ _____ .

34 나의 누나는 개를 무서워한다.

  ➡ _____ .

35 그들은 그들의 역사를 자랑스러워하는 게 분명하다. (must, history)

  ➡ _____ .

36 그 연못은 물고기로 가득 차 보였다. (pond)

  ➡ _____ .

37 나는 이 일에 싫증이 난다. (work)

  ➡ _____ .

38 그의 부모님은 그를 자랑스러워 한다.

  ➡ _____ .

39 내 친구는 모두에게 친절하다. (everyone)

  ➡ _____ .

PART 2

목적어 I

1. 목적어를 필요로 하는 동사

1 목적어는 동사가 나타내는 동작이나 행위의 대상이 되는 것을 말해요. 보통 '~을, ~를'로 해석되는 단어가 목적어에 해당됩니다.

I **eat** breakfast at 8:30.
아침을

He **will attend** the meeting.
모임에[을]

My mom **made** a cake.
케이크를

A day **has** 24 hours.
24시간을

2 어떤 동사는 그 의미에 따라 목적어가 필요한 경우와 필요 없는 경우가 있어요.

	목적어가 있는 경우	목적어가 없는 경우
break	He **broke** the window. (깨다) You **shouldn't break** the rules. (어기다)	Glass **breaks** easily. (깨지다) My watch **has broken**. (고장 나다)
grow	They **grow** rice. (재배하다) I **will grow** my hair. (기르다)	Tomatoes **grow** well. (자라다) The sky **grew** dark. (~해지다)
change	We **have to change** the plan. (바꾸다)	His hometown **has changed** a lot. (변하다)

3 의미나 형태가 서로 비슷해서 목적어를 써야 할지 혼동되는 동사들을 알아봅시다.

| 목적어가 불필요한 동사 | 목적어가 필요한 동사 |

목적어가 불필요한 동사

rise -rose-risen (떠)오르다 🌙

The moon **is rising** in the east.

lie -lay-lain 눕다

Don't **lie** on the sofa.

lie -lied-lied 거짓말하다

He often **lies** to me.

목적어가 필요한 동사

raise -raised-raised 올리다

He **raised** his hand.

They **will raise** the price.

lay -laid-laid ~을 놓다, (알을) 낳다

Lay the baby on the bed.

The hen **has laid** an egg.

다음 각 문장의 동사에 밑줄을 긋고, 목적어에 동그라미 하세요. (목적어가 없는 경우도 있어요.)

1 I bought some flowers.

2 The temperature has risen.

3 We set the table.

4 John broke the window yesterday.

5 I went to the library last weekend.

6 The girl has blue eyes.

7 He will marry her.

8 That sounds great.

9 He raised his glass.

10 Smoke was rising from the factory.

11 We all want peace.

12 Marian became a doctor.

▸ temperature 온도, 기온 / set the table 상을 차리다

 다음 각 문장의 알맞은 동사를 골라 동그라미 하세요.

1 (Rise, Raise) your hands, please.

2 Don't (lie, lay) a book on this desk.

3 A bird (lies, lays) eggs.

4 The sun (rises, raises) early in summer.

5 She (lied, laid) the baby on the bed. ▸ lay(놓다)-laid-laid

6 Why did they (rise, raise) the prices?

7 (Lie, Lay) down and rest. ▸ lie down 눕다 / rest 쉬다, 휴식하다

8 I (lay, laid) down on the bed. ▸ lie(눕다)-lay-lain

2. 목적어 자리에 오는 명사

1 동사 뒤 목적어 자리에는 명사나 대명사가 올 수 있어요. 목적어 자리에 명사가 올 경우
에는 그 명사를 수식하는 다양한 말들도 함께 따라올 수 있습니다.

The woman likes **these children**.
　　　　　　　　이 아이들을

The girl bought **that green umbrella**.
　　　　　　　　저 초록색 우산을

> 명사에 대한 자세한 규칙은 1권의 'Part 2. 명사 주어' 편을 참고하세요.

2 셀 수 없는 명사를 셀 때는 수량을 나타내는 단위 명사를 사용해요. 개수가 두 개 이상
일 때는 단위 명사만 복수 형태로 써요.

a cup of coffee/tea 　　three cans of tuna/corn

a glass of juice/water 　　two cartons of milk/juice

a loaf of bread 　　two loaves of bread
　　　　　　　　　　　　　▶ loaf의 복수형은 loaves

a bottle of water/shampoo 　　a bar of soap/chocolate

a bunch of bananas/grapes 　　a tube of toothpaste

a bag of rice/flour/corn 　　a jar of jam/honey

a piece of bread/pizza/cake/information/advice/paper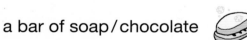

40

다음 단어를 이용해 그림에 맞는 표현을 완성하세요. 필요한 경우에는 복수형으로 고치세요.

can	bunch	glass	bar	loaf	bag

1

a _____ of flour

2

two _____ of grapes

3

three _____ of juice

4

two _____ of corn

5

a _____ of chocolate

6

a _____ of bread

 다음 우리말 목적어를 알맞은 영어 표현으로 고쳐 문장을 완성하세요.

1 엄마는 빵 한 덩어리를 샀다. ➡ My mom bought _____.

2 그는 커피 두 잔을 마셨다. ➡ He drank _____.

3 그녀는 한 가지 정보를 원한다. ➡ She wants _____.

4 우리는 치약 다섯 개를 살 것이다. ➡ We'll buy _____.

5 메리는 주스 세 잔을 가져왔다. ➡ Mary brought _____.

6 피자 두 조각을 주시겠어요? ➡ Can I have _____?

7 나는 종이 네 장이 필요하다. ➡ I need _____.

8 나는 물을 두 병 가지고 있었다. ➡ I had _____.

3. 목적어 자리에 오는 대명사

1 인칭대명사가 목적어로 올 때는 목적격 형태로 써요. 인칭대명사는 주격, 목적격, 소유격의 모양이 다르기 때문에 따로 외워야 해요. (1권의 'Part 1. 대명사 주어'편 참조)

인칭대명사	1인칭		2인칭		3인칭	
	단수	복수	단수	복수	단수	복수
주격(~은/는)	I	we	you	you	he, she, it	they
목적격(~을/를)	me	us	you	you	him, her, it	them

She likes **me** very much.
그녀는 　　　　나를

I like **her**, too.
나는　　그녀를

They saw **him** yesterday.
그들은　　　　　그를

He saw **them**, too.
그는　　　　그들을

2 목적어 자리에는 '인칭대명사의 소유격 + 명사'나 이를 대신해서 소유대명사를 쓸 수 있어요. 인칭대명사의 소유격과 소유대명사의 모양을 비교해서 익혀 둡시다. 소유대명사와는 달리 인칭대명사의 소유격은 혼자 쓸 수 없고 그 뒤에 반드시 명사가 나와야 해요.

대명사	1인칭		2인칭		3인칭	
	단수	복수	단수	복수	단수	복수
인칭대명사의 소유격(~의)	my	our	your	your	his, her, its	their
소유대명사 (~의 것)	mine	ours	yours	yours	his, hers	theirs

▶ it은 소유격은 있지만 소유대명사는 없어요.

This is **my** umbrella.

= **mine** 나의 것

Those are **your** shoes.

= **yours** 너의 것

PRACTICE

 다음 표를 완성하세요.

인칭		인칭대명사			소유대명사 (~의 것)
		주격(~은/는)	소유격(~의)	목적격(~을/를)	
단수	1인칭	나는:	나의:	나를:	나의 것:
	2인칭	너는:	너의:	너를:	너의 것:
	3인칭	그는: 그녀는: 그것은:	그의: 그녀의: 그것의:	그를: 그녀를: 그것을:	그의 것: 그녀의 것:
복수	1인칭	우리는:	우리의:	우리를:	우리의 것:
	2인칭	너희들은:	너희들의:	너희들을:	너희들의 것:
	3인칭	그(것)들은:	그(것)들의:	그(것)들을:	그들의 것:

 다음 각 문장의 목적어에 밑줄을 긋고, 보기처럼 인칭대명사로 고쳐 쓰세요.

> They didn't help <u>Mike</u>. ➔ (him)

1 I met <u>two boys</u> yesterday. ➔ (　　　　)　　**2** I need the book. ➔ (　　　　)

3 She bought some cheese. ➔ (　　　　)　　**4** I love Sue. ➔ (　　　　)

5 We have some classes. ➔ (　　　　)　　**6** I know the man. ➔ (　　　　)

 다음 각 문장의 목적어에 밑줄을 긋고, 보기처럼 소유대명사로 고쳐 쓰세요.

> You can use <u>my eraser</u>. ➔ (mine)

1 Will you use my computer? ➔ (　　　　)　　**2** She loves her car. ➔ (　　　　)

3 He found Amy's purse. ➔ (　　　　)　　**4** Can I use your pencil? ➔ (　　　　)

5 I lost their umbrellas. ➔ (　　　　)　　**6** I borrowed his book. ➔ (　　　　)

4. 목적어 자리에 오는 동명사, to 부정사

1 동명사는 일종의 명사이므로 목적어 자리에 올 수 있어요. 즉, 동사 뒤에 바로 동명사가 나올 수 있지요. 동명사만을 목적어로 갖는 동사들을 익혀 둡시다.

주어 + **enjoy** 즐기다 **finish** 끝마치다 **give up** 포기하다 **keep** 계속하다 **mind** 꺼리다 **stop** 멈추다 + 목적어 (동명사)

I enjoy dancing.
즐긴다   춤추는 것을

▶ I enjoy dance. (X) → 한 문장에 동사가 두 개 나와서 틀려요.
I enjoy to dance. (X) → enjoy는 동명사를 목적어로 가지는 동사예요.

Do you mind opening the window?
꺼리다   여는 것을

> 동명사는 여전히 동사의 성질을 지니고 있어서 그 뒤에는 보어나 목적어, 부사(구) 등이 따라 나올 수 있어요.

Plus 동명사 만드는 방법은 현재분사 만드는 방법과 같아요.

① 동사 + -ing: enjoying, asking

② -e로 끝나는 동사는 e를 없애고 + -ing: writing, closing

③ '단모음 + 단자음'으로 끝나는 동사는 끝의 자음을 반복하고 + -ing: stopping, planning

2 to 부정사도 동사의 목적어로 쓰일 수 있어요. 이렇게 목적어로 쓰이는 to 부정사의 용법을 '명사적 용법'이라고 해요. to 부정사만을 목적어로 갖는 동사들을 익혀 둡시다.

주어 + **decide** 결정하다 **expect** 기대하다 **hope** 바라다 **need** 필요로 하다 **plan** 계획하다 **refuse** 거절하다 **want** 원하다 + 목적어 (to 부정사)

I want to meet you.
원한다   만나기를

▶ I want meet you. (X) → 한 문장에 동사가 두 개 나와서 틀려요.
I want meeting you. (X) → want는 to 부정사를 목적어로 가지는 동사예요.

We decided to stay with you.
결정했다   머물기를

> to 부정사 또한 동사의 성질을 지니고 있어서 그 뒤에는 보어나 목적어, 부사(구) 등이 나올 수 있어요.

3 to 부정사나 동명사를 모두 목적어로 갖는 동사들이 있어요.

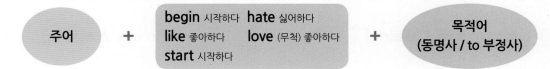

주어 + begin 시작하다 / like 좋아하다 / start 시작하다 / hate 싫어하다 / love (무척) 좋아하다 + 목적어 (동명사 / to 부정사)

Do you love **acting**? = Do you love **to act**?
좋아하다　연기하는 것을

He started **taking** a shower. = He started **to take** a shower.
시작했다　샤워하는 것을

4 목적어 자리에 to 부정사가 오느냐, 동명사가 오느냐에 따라 뜻이 달라지는 동사들도 있어요. 의미가 어떻게 달라지는지 알아보고 쓰임새에 주의해야 해요.

forget -ing (이전에) ~한 것을 잊다 **forget to do** ~해야 한다는 것을 잊다	**remember -ing** (이전에) ~한 것을 기억하다 **remember to do** ~해야 한다는 것을 기억하다
Did you forget **calling** me? → 전화한 것을 잊다 I forgot **to call** you. → 전화해야 한다는 것을 잊다	Do you remember **meeting** him before? → 만난 것을 기억하다 I remember **to meet** him tomorrow. → 만나야 한다는 것을 기억하다
try -ing 시험 삼아 ~하다, 시도하다 **try to do** ~하려고 노력하다, 애쓰다	**stop -ing** ~하는 것을 멈추다 **stop to do** ~하기 위하여 멈추다
He tried **pressing** the button. → 눌러 보는 것을 시도하다 I tried **to press** the button. → 누르기 위해 애쓰다	They stopped **talking** to each other. → 말하는 것을 멈추다 I stopped **to talk** to her. → 말하기 위해 멈추다

다음 동사 뒤에 올 목적어 형태를 골라 동그라미 하세요. (두 가지가 가능한 경우도 있어요.)

1 hope (to see / seeing)

2 need (to ask / asking)

3 start (to shout / shouting)

4 finish (to clean / cleaning)

5 enjoy (to travel / traveling)

6 like (to write / writing)

7 give up (to try / trying)

8 refuse (to explain / explaining)

9 keep (to wait / waiting)

10 decide (to clean / cleaning)

11 plan (to visit / visiting)

12 hate (to work / working)

13 begin (to run / running)

14 mind (to open / opening)

 다음 문장의 목적어를 동명사를 이용하여 표현하세요.

1 숙제하는 것을 막 끝마쳤다.

  ➜ I've just finished _____ my homework.

2 그 남자는 그들과 일하는 것을 포기했다.

  ➜ The man gave up _____ with them.

3 나는 요리하는 것을 정말 즐긴다.   ➜ I really enjoy _____ .

4 그를 돕는 것을 전혀 꺼리지 않아요.   ➜ I don't mind _____ him.

5 비가(비 내리는 것이) 그쳤다.   ➜ It stopped _____ .

6 케이트는 그에 대해 질문하기를 계속했다.   ➜ Kate kept _____ about him.

힌트

do, cook, work, ask, rain, help

C 다음 문장의 목적어를 to 부정사를 이용하여 표현하세요.

1 나는 지금 집에 가고 싶다.
➡ I want _____ home now.

2 그는 그녀와 결혼하기로 결심했다.
➡ He decided _____ her.

3 그녀는 나를 지지하기를 거절했다.
➡ She refused _____ me.

4 그들은 그 시험에 합격하기를 바란다.
➡ They hope _____ the test.

5 나는 살을 뺄 계획이다.
➡ I plan _____ weight.

6 너는 새 가방을 살 필요가 없다.
➡ You don't need _____ the new bag.

힌트
support, marry, go, pass, buy, lose

D 다음 문장의 목적어를 동명사나 to 부정사를 이용하여 표현하세요. (두 가지가 가능한 경우도 있어요.)

1 널 돕도록 노력할게.
➡ I will try _____ you.

2 그것에 대해 그에게 말하기로 결심했다.
➡ I decided _____ him about it.

3 파리를 방문했던 것을 절대 잊지 못할 거야.
➡ I'll never forget _____ Paris.

4 그는 모두에게 소리치기 시작했다.
➡ He began _____ at everyone.

5 그녀는 문을 닫은 것을 기억한다.
➡ She remembers _____ the door.

6 그녀는 갑자기 노래 부르는 것을 멈췄다.
➡ She stopped _____ suddenly.

7 아이들은 밖에서 놀기를 좋아한다.
➡ Kids love _____ outside.

힌트
help, visit, tell, play, shout, close, sing

Practice ① 목적어 자리에 오는 명사, 대명사

주어(S)	+	동사(V)	+	목적어(O)
I		want		the book. (명사)
My father		likes		them. (대명사)

1 한국인들은 쌀을 먹는다.
▶ rice(쌀)는 셀 수 없는 명사예요.

_____ .
한국인들은   먹는다   쌀을

2 나는 두통이 있다(머리가 아프다).
▶ have a headache 두통이 있다

_____ .
나는   가지고 있다   두통을

3 그는 실수를 했다.
▶ make a mistake 실수하다

_____ .
그는   했다   실수를

4 새들은 알을 낳는다.

_____ .
새들은   낳는다   알들을

5 나는 그들을 모른다.

_____ .
나는   모른다   그들을

6 제인(Jane)은 그를 좋아하지 않는다.

_____ .
제인은   좋아하지 않는다   그를

7 우리는 그것을 부서뜨리지 않았다.

_____ .
우리는   부서뜨리지 않았다   그것을

8 그녀는 교복을 입어야 한다.
▶ have to ~해야 한다 (의무)

_____ .
그녀는   입어야 한다   교복을

힌트

동사 break (broke-broken), know (knew-known), wear (wore-worn), make (made-made),
have (had-had), eat (ate-eaten), lay (laid-laid), like
목적어 headache, rice, egg, mistake, school uniform, it, him, them

주어(S)	+	동사(V)	+	목적어(O)
She		enjoys		watching sports.
We		stopped		talking to her.

1 계속 비가 내렸다.

→ _____ _____ _____ .
(비인칭주어)   계속되었다   비 오는 것이

2 우리 아버지는 담배를 끊으셨다.

→ _____ _____ _____ .
나의 아버지는   끊으셨다   담배 피우는 것을

3 메리(Mary)는 계속 재채기를 했다.
▶ sneeze 재채기하다

→ _____ _____ _____ .
메리는   계속했다   재채기 하는 것을

4 그녀는 사람들을 만나는 것을 즐긴다.

→ _____ _____ _____ .
그녀는   즐긴다   사람들을 만나는 것을

5 그들은 스키 타는 것을 즐긴다.

→ _____ _____ _____ .
그들은   즐긴다   스키 타는 것을

6 나는 서 있어도 괜찮다.
▶ don't mind 개의치 않다, 괜찮다

→ _____ _____ _____ .
나는   개의치 않는다   서 있는 것을

7 우리 어머니는 저녁 식사 준비하는 것을 끝마치셨다.
▶ cook dinner 저녁 식사를 준비하다

→ _____ _____ _____ .
나의 어머니는   끝마치셨다   저녁 식사 준비하는 것을

힌트

동사 keep (kept-kept), enjoy, finish, mind, stop
목적어 rain, smoke, stand, meet, sneeze, cook, ski

주어(S) + 동사(V) + 목적어(O)

| I | want | to read the book. |
| We | decided | to stay with you. |

1 나는 여행하는 것을 계획하고 있다.

→ _____.
나는　　　　계획하고 있다　　　　여행하는 것을

2 나는 새 휴대전화를 사고 싶다.

▶ cell phone 휴대전화

→ _____.
나는　　　　원한다　　　　새 휴대전화를 사기를

3 나는 그녀를 만나길 바란다.

→ _____.
나는　　　　바란다, 희망한다　　　　그녀를 보기를

4 우리는 역사를 배울 필요가 있다.

→ _____.
우리는　　　　필요가 있다　　　　역사를 배울

5 그는 그녀를 돕는 것을 거절했다.

→ _____.
그는　　　　거절했다　　　　그녀를 돕는 것을

6 그는 디자이너가 되고 싶어한다.

→ _____.
그는　　　　원한다　　　　디자이너가 되는 것을

7 앨런(Allen)은 여기를 떠나기로 결정했다.

→ _____.
앨런은　　　　결정했다　　　　여기를 떠나기로

8 지나(Gina)는 그 약속을 지키기로 결심했다.

▶ keep the promise 약속을 지키다

→ _____.
지나는　　　　결심했다　　　　그 약속을 지키기로

힌트

동사　hope, plan, need, decide, refuse, want
목적어　buy, travel, see, keep, be, leave, learn, help

Practice ④ 목적어 자리에 동명사와 to 부정사가 모두 오는 경우

주어(S)	+	동사(V)	+	목적어(O)
She		started		reading a book.
She		started		to read a book.

\<to 부정사, 동명사를 모두 목적어로 갖는 동사\>
① 뜻 차이가 나지 않는 동사:
  begin, hate, like, love, start
② 뜻 차이가 나는 동사:
  forget, remember, try, stop

---

1 나는 걷는 것을 좋아한다.

→ _____ .

나는 　　　　　　좋아한다 　　　　　걷는 것을

2 그녀는 일하기 시작했다.

→ _____ .

그녀는 　　　　　시작했다 　　　　　일하는 것을

3 비가 내리기 시작했다.

→ _____ .

(비인칭주어) 　　　시작했다 　　　　　비 내리기

4 그녀는 살을 빼는 것을 시도했다.

→ _____ .

그녀는 　　　시도했다 　　　살을 빼는 것을

5 그는 커피 마시는 것을 끊었다.

→ _____ .

그는 　　　　　끊었다, 그만두었다 　　　커피 마시는 것을

6 책상 정리하는 것 잊지 마.

→ _____ .

잊지 마라 　　　　　　네 책상 치우는 것을

7 나는 그녀를 만난 것을 기억할 수 없다.

→ _____ .

나는 　　　기억할 수 없다 　　　　　그녀를 만난 것을

8 그들은 그녀에게 말하기 위해 멈췄다.

→ _____ .

그들은 　　멈췄다 　　　　　　　그녀에게 말하기 위해

힌트

동사 start, like, begin (began-begun), try, forget (forgot-forgotten), remember, stop
목적어 work, walk, rain, lose, drink, clean, meet, talk

형용사로 목적어 수식하기

flat 평평한, 납작한   narrow 좁은, 편협한   shallow 얕은

thick 두꺼운, 두툼한   thin 얇은   huge 커다란

tiny 아주 작은   steep 가파른

a **box** 상자

a **huge** box 큰 상자

a **very** huge box 매우 큰 상자

a **roof** 지붕

a **steep** roof 뾰족한 지붕

a **very** steep roof 매우 뾰족한 지붕

▶ 형용사를 강조할 때는 그 앞에 부사 very(매우)를 씁니다.

---

1 그녀는 굽이 낮은 신발을 신고 있었다. (wear, shoes)

→ _____.

2 그 집들은 뾰족한 지붕들을 가지고 있다. (roof)

→ _____.

3 나는 매우 마른 소년을 만났다. (thin)

→ _____.

4 케이트(Kate)는 아주 두툼한 외투 하나를 샀다. (coat)

→ _____.

5 너는 얇게 썬 빵들을 사용해야 한다. (should, slice)

→ _____.

6 우리는 아주 작은 별들을 볼 수 있었다. (see)

➡ _____ .

7 그 요리사는 얕은 접시들을 찾고 있었다. (look for, dish)

➡ _____ .

---

to 부정사로 목적어 수식하기

something **to eat** 먹을 무언가[먹을 것]   a book **to read** 읽을 책

a question **to ask** 물어 볼 질문   water **to drink** 마실 물

time **to play** 놀 시간   subjects **to study** 공부할 과목들

▶ to 부정사는 명사 뒤에서 명사를 꾸며 주는 형용사 역할을 하기도 해요. 이런 경우에는 '~할'로 해석해요.

I need time ↘. to study

공부할 시간이 필요하다.

---

8 우리는 공부할 과목들을 결정해야 했다. (decide, subject)   ▶ have to ~해야만 한다

➡ _____ .

9 그는 마실 것을 원한다. (something)

➡ _____ .

10 그는 읽을 책을 한 권 빌렸다. (borrow)

➡ _____ .

11 제이크(Jake)에게는 물어 볼 많은 질문들이 있었다. (many, question)

➡ _____

12 그 학생들은 놀 시간이 없다. (have)

➡ _____ .

13 나는 마실 물을 좀 가져왔다. ▶ bring-brought-brought

➡ _____ .

14 먹을 것 좀 샀니? (anything) ▶ 긍정문에는 something, 의문문이나 부정문에는 anything을 사용해요.

➡ _____ ?

전치사 관용어구로 수식하기

at	on	in
at first 최초에, 처음에	**on** arrival 도착하자마자	**in** advance 미리
at last 마침내, 최후에	**on** purpose 고의로	**in** time 시간 내에
at best 기껏해야, 잘해야	**on** time 제시간에, 정각에	**in** line 줄 서서
at least 적어도	**on** schedule 예정대로	**in** the end 결국에는
at most 많아야	**on** sale 판매 중인, 할인 중인	**in** the past 과거에
		in the future 미래에

▶ 전치사 at, on, in과 함께 쓰이는 관용적인 표현들이 있어요. 이 전치사구는 부사처럼 동사를 꾸며 주거나 문장 전체를 꾸며 주기도 해요.

At least, She can speak three languages . **적어도,** 그녀는 3개국어를 말할 수 있다.

I bought a new computer on sale . 나는 **할인할 때** 새 컴퓨터를 샀다.

He will finish the work in time . 그는 그 일을 **시간 내에** 끝낼 것이다.

▶ 문장 앞에 전치사구를 써서 문장 전체를 수식할 때 그 뒤에 쉼표(,)를 쓰기도 해요.

15 나는 처음에는 그의 이름을 기억할 수 없었다. (remember)

➡ _____ .

16 그녀는 마침내 그 시험을 통과했다. (pass, test)

➡ _____.

17 적어도 난 숙제하는 것을 잊지 않았다. (forget)

➡ _____.

18 많아봤자 그는 1,000원 정도 있을지 몰라. (may)

➡ _____.

19 그는 고의로 내 안경을 깨뜨렸다. (break)　▶ glasses(안경)는 항상 복수형으로 써요.

➡ _____.

20 나는 할인할 때 선물을 몇 개 사기로 계획했다. (plan, some, gift)

➡ _____.

21 그 남자는 예정대로 수영하러 가기로 결정했다. (decide)　▶ go swimming 수영하러 가다

➡ _____.

22 그 기차는 정각에 움직이기 시작했다. (start, move)

➡ _____.

23 그는 미리 그 표를 구하기 위해 애썼다. (try, get)

➡ _____.

24 결국에는 비가 내리기 시작했다. (start)

➡ _____.

25 나는 과거에 자전거 타는 것을 무척 좋아했다. (love, ride)

➡ _____.

26 우리 어머니는 시간 내에 저녁 식사 준비하는 것을 끝마쳤다. (finish, cook, dinner)

➡ _____.

27 너희들은 줄 서서 책을 빌려가야 한다. (borrow) ▶ 조동사 should는 '~해야 한다'라는 의미로 충고를 나타내요.

➡ _____.

28 장차 이 일이 네게 도움이 될 것이다. (help)

➡ _____.

29 그녀는 결국 그 문제를 풀었다. (solve, problem)

➡ _____.

30 나는 미리 상을 차렸다. ▶ set the table 상을 차리다

➡ _____.

중학교 시험에 나오는 **서술형 주관식 평가 ①**

출제 범위 | Part 1-2

1 다음 두 문장의 의미가 같도록 빈칸에 알맞은 단어를 쓰시오.

Her habit is to bite her nails.
= Her habit is _____ her nails.

2 다음 각 문장의 빈칸에 알맞은 전치사를 쓰시오.

1) He is good _____ swimming.

2) She was kind _____ everyone.

3) My sister is afraid _____ dogs.

3 다음 그림을 보고 보기에서 알맞은 단어를 골라 대화의 빈칸을 완성하시오.

보기 sunny rainy cloudy

A: How is the weather now?

B: _____ and windy.

4 다음 두 단어 중 알맞은 것을 골라 문장을 다시 쓰세요.

This smells (bad, badly).

→ _____

[5-6] 주어진 단어를 이용하여 우리말을 영어로 바꾸시오.

5

우리는 피곤하고 지루했다. (tire, bore)

→ _____

6

(시간이) 늦어지고 있다. (it, get)

→ _____

7 다음 두 문장 중에서 어법상 틀린 것을 골라 바르게 고쳐 쓰시오.

ⓐ The problem is confusing.
ⓑ He looked confusing.

(   ) → _____

8 다음 우리말에 맞게 빈칸에 알맞은 단어를 쓰시오.

그것은 어리석은 생각일지도 모른다.

→ That may _____ a silly _____ .

9 다음 그림과 일치하도록 주어진 단어를 바르게 배열하시오.

famous, She, for, books, is, her

→ _____

10 빈칸에 공통으로 들어가는 동사의 현재형을 쓰시오.

· Don't _____ on the sofa.
· He often _____ to me.

→ _____

[11-12] 그림을 보고 빈칸에 알맞은 표현을 쓰시오.

11

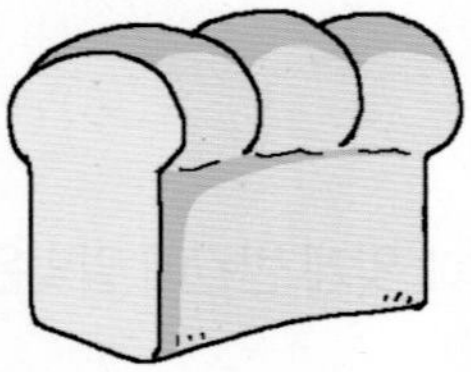

My mom bought _____ _____

of _____ .

12

Mary brought _____ _____ of

orange _____ .

[13-14] 주어진 동사를 이용하여 우리말을 영어로 바꾸시오.

13

그는 사람들을 만나는 것을 즐긴다. (enjoy)

→ _____

14

나는 그에게 말하기로 결심했다. (decide)

→ _____

15 다음 우리말을 영어로 쓰시오. (5단어)

그는 마실 것을 원한다.

→ _____

16 다음 우리말에 맞게 주어진 단어를 바르게 배열하시오.

제이크는 질문할 게 많았다.
(ask, questions, had, Jake, many, to)

→ _____

PART 3

목적어 Ⅱ

1. 목적어 자리에 오는 재귀대명사

1 재귀대명사란 '자기 자신'을 뜻하는 대명사예요. 주어와 목적어가 같은 인물이거나 사물일 때 목적어 자리에 재귀대명사를 씁니다. 재귀대명사는 인칭대명사의 소유격이나 목적격에 -self나 -selves를 붙인 형태예요.

I'd like to introduce myself. (주어 I 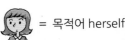 = 목적어 myself)
제 자신을 소개하고 싶습니다.

She was looking at herself in the mirror. (주어 She = 목적어 herself)
그녀는 거울 속의 자신을 보고 있었다.

2 주어에 따른 재귀대명사들을 살펴봅시다. 대상이 복수일 때는 -selves가 붙어요.

I → **myself** 나 자신	you → **yourself** 너 자신 **yourselves** 너희들 자신
he → **himself** 그 자신	she → **herself** 그녀 자신 it → **itself** 그것 자신
we → **ourselves** 우리들 자신	they → **themselves** 그들 자신

3 재귀대명사와 함께 자주 쓰이는 표현들이 있어요. 동사와 재귀대명사를 한 덩어리로 익혀 두세요.

> 동사 + oneself

blame oneself 자책하다	**burn oneself** 화상을 입다
cut oneself 베이다	**enjoy oneself** 즐겁게 보내다
help oneself 마음껏 먹다	**hurt oneself** 다치다
kill oneself 자살하다	**know oneself** 자신을 알다
teach oneself 독학하다	

▶ 이때 oneself는 주어에 일치하는 재귀대명사로 바꿔 씁니다.

> Plus 재귀대명사가 목적어 자리가 아닌 부사 자리에 올 때는 '직접'이란 뜻으로, 강조의 의미로 쓰여요.
>
> I did it **myself**. 내가 직접 그것을 했다.
> She made it **herself**. 그녀가 직접 그것을 만들었다.

다음 각 주어와 일치하는 재귀대명사를 목적어 자리에 쓰세요.

1 I hurt _____ .

2 My mom often cuts _____ .

3 She knows _____ .

4 David is introducing _____ .

5 Help _____ .

6 I taught _____ .

7 Mary burned _____ .

8 We have to introduce _____

9 The man killed _____ .

10 The man blamed _____ .

11 Jason and Anna enjoyed _____ .

12 The girl doesn't know _____ well.

 주어진 단어와 재귀대명사를 이용하여 우리말을 영어로 바꿔 쓰세요.

| introduce teach enjoy blame help know |

1 나는 그들에게 내 자신을 소개했다. ➡ I _____ _____ to them.

2 우리는 파티에서 즐거웠다. ➡ We _____ _____ at the party.

3 그는 체리를 마음껏 먹었다. ➡ He _____ to some cherries.

4 너는 네 자신을 알아야 한다. ➡ You have to _____ .

5 그 여자는 자신을 책망했다. ➡ The woman _____ .

6 그녀는 독학하고 있다. ➡ She is _____ .

7 자책하지 마세요. ➡ Don't _____ .

2. 목적어 자리에 오는 '의문사+to 부정사'

1 목적어 자리에 '의문사+to 부정사'의 형태 또한 올 수 있어요.

주어 **+** 동사 **+** 목적어

동사: decide, forget, know, learn, remember

목적어: how what when where + to do

2 '의문사+to 부정사'가 목적어 자리에서 어떤 의미를 가지게 되는지 하나씩 살펴봅시다.

how to + 동사원형 어떻게 ~하는지, ~하는 방법

I forgot **how to use** it. 그것을 사용하는 법을

how to ride a bike. 자전거 타는 법을

what to + 동사원형 무엇을 ~할지

I forgot **what to do**. 무엇을 할지를

what to order. 무엇을 주문할지를

when to + 동사원형 언제 ~할지

She didn't know **when to turn off** the gas. 언제 가스를 끌지를

when to buy. 언제 살지를

where to + 동사원형 어디에서 ~할지

We haven't decided **where to stay**. 어디에서 머물지를

where to get off. 어디에서 내릴지를

PRACTICE

A 다음 우리말에 해당하는 '의문사＋to 부정사' 표현을 쓰세요.

1 무엇을 사야 할지 ➡ _____

2 어디에서 사야 할지 ➡ _____

3 뭐라고 말해야 할지 ➡ _____

4 어떻게 말해야 할지 ➡ _____

5 무엇을 입어야 할지 ➡ _____

6 어떻게 입어야 할지 ➡ _____

7 수영하는 법 ➡ _____

8 요리하는 법 ➡ _____

9 언제 멈춰야 할지 ➡ _____

10 어디에서 멈춰야 할지 ➡ _____

B 다음 우리말 목적어 부분을 알맞은 영어 표현으로 고쳐 문장을 완성하세요.

1 나는 내일 어디로 가야 할지 모르겠다.

➡ I don't know _____ _____ _____ tomorrow.

2 그녀는 그 모임에 언제 가야 하는지를 잊어버렸다. (leave)

➡ She forgot _____ _____ / _____ for the meeting.

3 너는 그로부터 수영하는 법을 배워야 한다.

➡ You should learn _____ _____ from him.

4 마이크는 언제 시작해야 할지를 안다. (begin)

➡ Mike knows _____ .

5 그 남자는 지금 낚시하는 법을 배우고 있다. (fish)

➡ The man is learning _____ now.

6 저녁으로 무엇을 먹을지 정하자. (eat)

➡ Let's decide _____ for dinner.

3. 목적어 자리에 오는 명사절

1 동사의 목적어로 'that+주어+동사'가 올 수 있어요. 주로 생각하고, 알고, 전달하는 의미의 동사 뒤에 따라 나와요. 여기서 that은 그 앞의 '주어+동사' 문장과 that 뒤의 '주어+동사' 문장을 이어주는 접속사예요. 그리고 이때 접속사 that은 생략할 수 있어요.

| 주어 | **+** | 동사
believe, find, hear,
know, say, think | **+** | 목적어
(명사절)
(that)+주어+동사 |

I know **that she likes me**.
그녀가 나를 좋아한다는 것을

They believed **that the earth was flat**.
지구가 평평하다는 것을

> 명사절은 '주어+동사'의 덩어리가 명사 역할을 하는 것을 말해요. 'that/의문사+주어+동사'는 문장에서 목적어, 즉 명사로 쓰이므로 명사절이라고도 불러요.

2 '의문사+주어+동사'의 의문사절이 동사의 목적어로 올 수 있어요.

| 주어 | **+** | 동사
forget, know,
remember, wonder | **+** | 목적어
(명사절)
의문사 +주어+동사 |

who, when, where,
what, how, why

She remembers **where he lives**.
그가 어디에 사는지를

I wonder **who discovered America**.
누가 미국을 발견했는지를
(▶ 이 문장에서는 의문사 who가 의문사절의 주어 역할을 해요.)

A 다음 주어진 단어들을 알맞게 배열하여 명사절을 완성하세요.

1 that, was, she, smart ➡ _____

2 he, is, where ➡ _____

3 your sister, what, likes ➡ _____

4 is, why, crying, she ➡ _____

5 you, will, that, come ➡ _____

6 knew, he, how, it ➡ _____

B 다음 우리말을 알맞은 영어 표현으로 고쳐 문장을 완성하세요.

1 너는 제인(Jane)이 너를 싫어한다는 것을 아니? (hate)

➡ **Do you know that** _____ _____ **you?**

2 나는 그가 어제 여기 왔다는 것을 알게 되었다.

➡ **I found** _____ _____ _____ **here yesterday.**

3 너는 에이미(Amy)가 어디에서 일하는지 아니? (work)

➡ **Do you know** _____ _____ **?**

4 아무도 누가 그것을 썼는지 모른다. (write)

➡ **Nobody knows** _____ _____ **it.**

5 언제 그 가게가 문을 여는지 궁금해.

➡ **I wonder** _____ **the store** _____ **.**

6 왜 네가 늦었는지 들었어. (be)

➡ **I heard** _____ _____ **late.**

Practice ❶ 목적어 자리에 오는 재귀대명사

주어(S)	+	동사(V)	+	목적어(O)
I		don't know		myself.
They		cannot believe		themselves.

1 나는 베였다.

→ _____ _____ _____ .
　　나는　　　　　　　(칼로) 상처냈다　　　　　내 자신을

2 그는 독학했다.

→ _____ _____ _____ .
　　그는　　　　　　　가르쳤다　　　　　　　그 자신을

3 우리는 즐거웠다.

→ _____ _____ _____ .
　　우리는　　　　　　즐겁게 보냈다　　　　　우리 자신을

4 그 소년은 화상을 입을지도 모른다.

▶ may ~일지도 모른다

→ _____ _____ _____ .
　　그 소년은　　　　　데게 할지도 모른다　　　그 자신을

5 마음껏 먹어라.

▶ 명령문에서는 주어인 you가 생략돼요.

→ _____ _____ .
　　요리를 권해라　　　너 자신에게

6 그 여배우는 자살했다.

→ _____ _____ _____ .
　　그 여배우는　　　　죽였다　　　　　　　　그녀 자신을

7 너희 자신을 소개해야 한다.

▶ yourself 네 자신 / yourselves 너희 자신

→ _____ _____ _____ .
　　너희들은　　　　　소개해야 한다　　　　　너희 자신을

8 자책하지 마라.

→ _____ _____ _____ .
　　~하지 마라　　　　비난하다　　　　　　　네 자신을

힌트

동사　kill, enjoy, burn, help, introduce, blame, teach (taught-taught), cut (cut-cut)
목적어　myself, yourself, himself, herself, ourselves, yourselves

주어(S)	+	동사(V)	+	목적어(O)
I		learned		how to ride a bike.
She		didn't know		what to do.

1 그들은 어디에서 머물지 결정했다.

➡ _____ .

그들은   결정했다   어디에서 머물지를

2 나는 무엇을 먹을지 모르겠다.

➡ _____ .

나는   모른다   무엇을 먹을지를

3 제니(Jenny)는 수영하는 법을 알고 있다.

➡ _____ .

제니는   알고 있다   수영하는 법을

4 그것을 언제 끝내야 하는지 궁금해.

➡ _____ .

나는   궁금하다   그것을 언제 끝내야 하는지를

5 그는 무엇을 사야 할지 잊어버렸다.

➡ _____ .

그는   잊어버렸다   무엇을 사야 할지를

6 너는 자전거 타는 법을 아니?

➡ _____ ?

~하니   너는   알다   자전거 타는 법을

7 그가 언제 돌아오는지 말했니?

▶ come back 돌아오다

➡ _____ ?

~했니   그는   말하다   언제 돌아오는지를

8 그녀는 뭐라고 말해야 할지 몰랐다.

➡ _____ .

그녀는   몰랐다   뭐라고 말해야 할지를

힌트

동사   decide, know (knew-known), forget (forgot-forgotten), wonder, say (said-said)
목적어 swim, ride, stay, eat, buy, finish, come back, say

주어(S)	+	동사(V)	+	목적어(O)
I		believe		that she will come.
They		don't know		that it is a problem.

1 나는 지구가 둥글다는 것을 안다.
▶ the earth 지구 / round 둥근

➡ _____ .
나는 　안다 　지구가 둥글다는 것을

2 나는 그녀가 영리하다고 생각했다.
▶ smart 영리한

➡ _____ .
나는 　생각했다 　그녀가 영리하다고

3 나는 네가 내일 오길 바란다.
▶ 바라는 것은 현재, 오는 것은 내일

➡ _____ .
나는 　바란다 　네가 내일 오기를

4 우리는 그 수업이 끝난 것을 몰랐다.
▶ be over ~이 끝나다

➡ _____ .
우리는 　몰랐다 　그 수업이 끝난 것을

5 우리는 그가 사라진 것을 알아냈다.

➡ _____ .
우리는 　알아냈다 　그가 사라진 것을

6 우리는 당신을 다시 만날 수 있길 바랍니다.

➡ _____ .
우리는 　바랍니다 　우리가 다시 당신을 만날 수 있기를

7 나는 부모님이 날 사랑하신다고 믿어.

➡ _____ .
나는 　믿는다 　나의 부모님이 나를 사랑하신다는 것을

8 사람들은 그가 천재였다고 믿는다.
▶ genius 천재
▶ 믿는 것은 현재, 그가 천재인 것은 과거 사실

➡ _____ .
사람들은 　믿는다 　그가 천재였다는 것을

힌트

동사 know, think (thought-thought), hope, find (found-found), believe
목적어 be, disappear, come, love, meet

Practice ④ 목적어 자리에 오는 '의문사 + 주어 + 동사'

주어(S) **+** 동사(V) **+** 목적어(O)

| He | knows | where Harry lives. |
| They | cannot believe | what people say. |

1 나는 그가 누구인지 궁금해요. ➡
_____ .
나는　　　　궁금하다　　　　　그가 누구인지

2 날 알아보시겠어요? ➡
_____ ?
~할 수 있니?　너는　　　기억하다　　　내가 누구인지

3 나는 그들이 언제 올지 모른다. ➡
▶ 모르는 것은 현재의 일, 오는 것은 미래의 일이에요.
_____ .
나는　　　　모른다　　　　　언제 그들이 올지

4 나는 그녀가 지금 어디 있는지 알아. ➡
_____ .
나는　　　　안다　　　　　그녀가 지금 어디에 있는지

5 내가 지금 얼마나 기쁜지 너는 몰라. ➡
▶ how 얼마나
_____ .
너는　　　　모른다　　　　　지금 내가 얼마나 기쁜지

6 너는 그가 어디에서 일하는지 아니? ➡
_____ ?
~하니　　너는　　　안다　　　그가 어디에서 일하는지

7 그녀가 왜 늦는지 모르겠다. ➡
_____ .
나는　　　　궁금하다　　　　　왜 그녀가 늦는지

8 나는 거기서 무슨 일이 있었는지 모른다. ➡
_____ .
나는　　모른다　　　　거기서 무엇이 발생했는지

힌트

동사　wonder, remember, know
목적어　work, late, come, happy, be, happen

'전치사 + 재귀대명사'로 수식하기 I

to oneself 혼자, 자기 자신에게

say[talk] to oneself
혼잣말하다

think to oneself
혼자 생각하다

hum to oneself
혼자서 콧노래를 흥얼거리다

swear to oneself
마음속으로 맹세하다

by oneself 혼자서 (= alone)

sit by oneself
홀로 앉아 있다

live by oneself
홀로 살다

study by oneself
홀로 공부하다 (독학하다)

travel by oneself
혼자 여행하다

for oneself 혼자 힘으로, 스스로

finish ~ for oneself
혼자 힘으로 ~을 끝내다

work for oneself
개인 사업을 하다

cook for oneself
자취하다

think for oneself
혼자서 생각하다, 제 마음대로 판단하다

Mary | talked ↘. to herself 　메리는 **자기 자신에게** 말했다(혼잣말했다).

You | must solve | the problem ↘. for yourself 　네 **스스로** 그 문제를 해결해야 한다.

---

1 그녀는 혼자 생각 중이었다.

➡ _____ .

2 한 노인이 혼잣말을 하고 있다. (old man)

➡ _____ .

3 마리아(Maria)는 혼자서 콧노래를 흥얼거린다.

➡ _____ .

4 나는 마음속으로 맹세하고 있다.

➡ _____ .

5 나는 혼자 살 수 없다.

➡ _____ .

6 그 학생들은 마음속으로 맹세했다. ▶ swear-swore-sworn

➡ _____ .

7 내 여동생은 혼자 앉아 있다.

➡ _____ .

8 그 남자는 혼자 이태리 음식을 요리하는 법을 배웠다. (how to, Italian food)

➡ _____ .

9 너는 그것을 혼자서 할 수 없다.

➡ _____ .

10 그 여자는 혼자 식사 중이다. (eat)

➡ _____ .

11 나는 혼자서 집을 청소했다.

➡ _____ .

12 그녀는 마음대로 생각한다.

➡ _____ .

13 나의 삼촌은 자취한다.

➡ _____ .

14 너희들은 혼자 힘으로 이것을 끝낼 수 있겠니?

➡ _____ .

15 나의 누나는 그것을 혼자 힘으로 해냈다.

  ➡ _____ .

16 그 소년은 혼자 힘으로 모형 비행기를 만들었다. (model plane)

  ➡ _____ .

17 그녀는 <u>스스로</u> 아무것도 결정할 수가 없었다. (anything)

  ➡ _____ .

'전치사 + 재귀대명사'로 수식하기 Ⅱ

on one's own 혼자서, 단독으로   **between ourselves** 우리끼리 이야기지만

on my own 내 스스로
on your own 너 혼자서
on his own 그 혼자 힘으로
on our own 우리 힘으로

Between ourselves,   he   doesn't have to blame   himself .
우리끼리 이야기지만 그는 자신을 비난할 필요가 없다.

You   should decide   what to do .   on your own   너는 **혼자서** 무엇을 할지 결정해야 한다.

---

18 <u>우리들끼리 이야기지만</u>, 나는 그 선생님을 좋아하지 않아.

  ➡ _____ .

19 <u>우리들끼리 이야기지만</u>, 나는 그녀가 자살했다는 것을 믿을 수 없다.

  ➡ _____ .

20 우리들끼리 이야기지만, 그들은 그들 자신을 책망할 필요가 없다. ▶ don't have to ~할 필요가 없다

➡ _____ .

21 우리들끼리 이야기지만, 그녀는 그 수업이 끝났다는 것을 몰랐다. ▶ be over ~이 끝나다

➡ _____ .

22 내 친구는 그녀 스스로 무엇을 해야 할지 몰랐다. (what to)

➡ _____ .

23 나는 네 스스로 그것을 해낼 수 있다고 믿는다.

➡ _____ .

24 아기들은 그들 스스로 걷는 법을 배운다. (how to)

➡ _____ .

'전치사 + 재귀대명사'로 수식하기 Ⅲ

in spite of ~에도 불구하고	**instead of** ~ 대신에
in spite of his illness 병중에도 불구하고	instead of coffee 커피 대신에
in spite of her efforts 그녀의 노력에도 불구하고	instead of the girls 그 소녀들 대신에
in spite of her old age 노령에도 불구하고	instead of my friend 내 친구 대신에
in spite of my mistake 내 실수에도 불구하고	instead of writing 쓰는 대신에

In spite of her old age, she taught herself . 그녀는 **노령에도 불구하고**, 독학을 했다.

He taught himself instead of going to school . 그는 **학교에 가는 대신에** 독학을 했다.

25 병중에도 불구하고, 그녀는 독학했다.

➡ _____.

26 노령에도 불구하고, 그녀는 파도 타는 방법을 배웠다. (how to) ▶ surf 파도 타기를 하다

➡ _____.

27 내 친구는 영어 대신에 디자인하는 법을 배우고 있다. (how to, design)

➡ _____.

28 우리는 피자 대신 무엇을 먹을지 결정했다. (what to)

➡ _____.

29 나는 내 친구 대신에 어디에서 내려야 할지 물어봤다. (get off)

➡ _____.

30 너는 네 남동생 대신에 이 문을 여는 법을 배워 두어야만 한다. (have to)

➡ _____.

PART 4

간접목적어와
직접목적어

1. 수여동사

1 주어＋동사 다음에 '~에게'라는 뜻의 말과 '~을/를'이란 뜻의 말이 함께 나오는 문장 구조가 있어요. 이렇게 동사 뒤에 목적어 두 개가 연이어 나오기도 해요.

주어	+	동사	+	목적어	+	목적어
I		gave		my friend		a present.
				~에게		~을/를

2 이처럼 목적어 두 개를 이끌며 '~에게 …을 해주다'라는 의미로 쓰이는 동사를 수여동사라고 해요. 수여동사의 예와 그 뜻을 살펴봅시다.

give ~에게 …을 주다	buy ~에게 …을 사 주다
pass ~에게 …을 건네주다	bring ~에게 …을 가져다 주다
make ~에게 …을 만들어 주다	show ~에게 …을 보여주다
read[write] ~에게 …을 읽어 주다[써 주다]	find ~에게 …을 찾아 주다
get ~에게 …을 사 주다, 가져다 주다	lend ~에게 …을 빌려주다
teach ~에게 …을 가르쳐 주다	tell ~에게 …을 이야기해 주다
send ~에게 …을 보내다	ask ~에게 …을 물어보다

3 동사 뒤에 목적어가 하나인 경우와 두 개인 경우를 비교하여 그 뜻 차이를 알아봅시다.

I **will buy** a new bag. …을 사다
I **will buy** you a new bag. ~에게 …을 사 주다

He **made** a dress. …을 만들다
He **made** me a dress. ~에게 …을 만들어 주다

The girl **is reading** some stories. …을 읽다
The girl **is reading** her sister some stories. ~에게 …을 읽어 주다

A 문장의 목적어가 한 개일 때는 괄호 안에 '1'을, 두 개일 때는 '2'를 쓰세요. 그리고 수여동사에 동그라미 하세요.

1 You should bring me the book.   (   )

2 She teaches us English.   (   )

3 The baby needs a nap.   (   )

4 Ken's mom made him a chocolate cake.   (   )

5 I asked the price.   (   )

6 Maria told me her secret.   (   )

7 She asked the students their names.   (   )

8 Charles drew a flower and a bird.   (   )

9 Mr. Lee gave us an assignment.   (   )

▶ nap 낮잠 / assignment 과제

B 다음 주어진 단어를 재배열하여 '주어＋동사＋～에게＋…을/를'의 구조를 완성하세요.

1 The man [us, gave, medals].   ➡ _____

2 She [the keys, them, brought].   ➡ _____

3 He [a great story, read, us].   ➡ _____

4 Please [me, the ticket, buy].   ➡ _____

5 James [his cards, Mike, showed].   ➡ _____

6 I'm going to [the news, my family, tell].

▶ medal 메달, 훈장 / be going to ~할 것이다

➡ _____

2. 간접목적어와 직접목적어

1   수여동사 뒤에 명사 두 개가 연달아 나올 때 앞의 명사는 '~에게'라는 의미의 간접목적어, 뒤의 명사는 '~을/를'이라는 의미의 직접목적어 역할을 해요.

주어 **+** 수여동사 **+** 간접목적어 ~에게 **+** 직접목적어 ~을/를

Show the boy your book.
그 소년에게   너의 책을

Dad bought Mom a new bag.
엄마에게   새 가방을

Rachel made Ben and me some cookies.
벤과 나에게   약간의 과자를

2   간접목적어 자리에 대명사가 올 때는 목적격으로 써야 해요.

      ↗ him
I gave ~~he~~ a book.

         ↗ me
The boy asked ~~I~~ some questions.

> 간접목적어와 직접목적어 둘 다 대명사의 목적격 형태로 쓸 수는 없어요.
> He gave **me it**. (X)
> They found **her them**. (X)

3   직접목적어로 '의문사+to 부정사' 형태가 오는 경우를 자주 볼 수 있어요.

Please teach me how to cook.
요리하는 법을

Please tell me what to do.
무엇을 해야 하는지

> 의문사에는 who, when, where, what, how, why가 있어요.

I will show you how to use chopsticks.
젓가락 사용하는 법을

다음 각 문장의 간접목적어에는 동그라미 하고, 직접목적어에는 밑줄을 그으세요.

1 I gave the clerk a ten dollar bill.

2 David wouldn't tell me his secret.

3 Allen told Jenny his ideas.

4 My grandfather gave me his old watch.

5 The teacher showed us how to draw animals.

6 Can you get me a ticket?

7 I'll teach you how to read Chinese.

▶ clerk 점원 / bill 지폐

 다음 우리말을 알맞은 영어 표현으로 고쳐 문장을 완성하세요.

1 나는 그에게 책 한 권을 주었다. ➡ I gave _____.

2 우리에게 물을 좀 갖다 주세요. ➡ Please bring _____.

3 저에게 연필 한 자루 빌려주실래요? ➡ Would you lend _____?

4 엄마는 내게 새 드레스를 만들어 주셨다. ➡ My mom made _____.

5 내 친구는 Greg에게 우편 엽서를 보냈다. ➡ My friend sent _____.

6 아버지는 내게 자전거를 사 주실 것이다. ➡ My father will buy _____.

7 내 남동생에게 수영하는 법을 가르쳐 주세요. ➡ Please teach _____.

▶ postcard 우편 엽서

3. 4형식을 3형식으로 바꾸기

1 '주어＋동사＋간접목적어＋직접목적어(4형식)'를 '주어＋동사＋목적어(3형식)'의 형태로 바꿀 수 있어요. 이때 문장 뼈대에서 빠지는 요소는 무엇일까요? 빠진다면 어떻게 처리해야 할까요? 다음을 잘 살펴보세요.

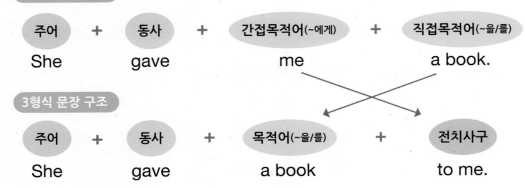

4형식 문장 구조

주어	＋	동사	＋	간접목적어(~에게)	＋	직접목적어(~을/를)
She		gave		me		a book.

3형식 문장 구조

주어	＋	동사	＋	목적어(~을/를)	＋	전치사구
She		gave		a book		to me.

2 이처럼 간접목적어가 전치사구로 바뀔 때 주로 to, for, of의 전치사를 써요. 이때 어떤 전치사를 쓸지는 그 앞의 동사에 따라 결정돼요.

전치사 to를 쓰는 동사 give, lend, pay, read, sell, send, show, teach, tell, write

Grandma told me an old story.
　　　　　　간접목적어　직접목적어

= Grandma told an old story **to** me.
　　　　　　　목적어　　　　전치사구

전치사 for를 쓰는 동사 buy, cook, find, get, leave, make

My sister made me a sandwich.
　　　　　　간접목적어　직접목적어

= My sister made a sandwich **for** me.
　　　　　　　목적어　　　전치사구

전치사 of를 쓰는 동사 ask

The students asked me some questions.
　　　　　　　간접목적어　　직접목적어

= The students asked some questions **of** me.
　　　　　　　목적어　　　　전치사구

PRACTICE

두 문장의 의미가 같아지도록 빈칸에 알맞은 단어와 전치사를 쓰세요.

1 She made me this pie. = She made ＿＿＿＿＿＿＿＿ me.

2 I will buy him a pair of shoes. = I will buy ＿＿＿＿＿＿＿＿ him.

3 I gave Mary my notebook. = I gave ＿＿＿＿＿＿＿＿ Mary.

4 I can tell you the news. = I can tell ＿＿＿＿＿＿＿＿ you.

5 She cooked me this meal. = She cooked ＿＿＿＿＿＿＿＿ me.

6 I left him a message. = I left ＿＿＿＿＿＿＿＿ him.

7 He found me my umbrella. = He found ＿＿＿＿＿＿＿＿ me.

8 He may teach us English. = He may teach ＿＿＿＿＿＿＿＿ us.

9 I lent Jessica some money. = I lent ＿＿＿＿＿＿＿＿ Jessica.

10 I will show you some pictures. = I will show ＿＿＿＿＿＿＿＿ you.

11 I should send them these letters. = I should send ＿＿＿＿＿＿＿＿ them.

12 She read the children this book. = She read ＿＿＿＿＿＿＿＿ the children.

▶ meal 식사 / message 메시지 / lend 빌려주다

Practice ① 주어 + 동사 + 간접목적어(명사) + 직접목적어(명사)

주어(S)	+	동사(V)	+	간접목적어	+	직접목적어
He		showed		Jane		the picture.
She		will teach		the students		English.

①은 '간접목적어+직접목적어' 순서의 4형식 문장으로, ②는 목적어 뒤에 전치사구가 오는 3형식 문장으로 쓰세요.

1 그는 제인(Jane)에게 그의 책을 빌려주었다.

① _____ .
　그는　　　　　　　　빌려주었다　　　　　　제인에게　　　　　　그의 책을

② _____ .
　그는　　　　　　　　빌려주었다　　　　　　그의 책을　　　　　　제인에게

2 한 소녀가 김 선생님(Mr. Kim)에게 질문을 했다.　▶ ask A of B B에게 A를 묻다

① _____ .
　한 소녀가　　　　　　물었다　　　　　　　김 선생님에게　　　　질문 하나를

② _____ .
　한 소녀가　　　　　　물었다　　　　　　　질문 하나를　　　　　김 선생님에게

3 그레이스(Grace)는 여동생에게 선물을 사 줄 것이다.　▶ buy A for B B에게 A를 사 주다

① _____ .
　그레이스는　　　　　　사 줄 것이다　　　　그녀의 여동생에게　　선물 하나를

② _____ .
　그레이스는　　　　　　사 줄 것이다　　　　선물 하나를　　　　　그녀의 여동생에게

4 짐(Jim)은 마이크(Mike)와 수(Sue)에게 그의 계획들을 말해 주지 않았다.

① _____ .
　짐은　　　　　　　　말해주지 않았다　　　마이크와 수에게　　　그의 계획들을

② _____ .
　짐은　　　　　　　　말해주지 않았다　　　그의 계획들을　　　　마이크와 수에게

힌트

동사	lend (lent-lent), buy, ask, tell (told-told)
직접목적어	present, plan, question, book

5 너는 그 점원에게 10달러를 지불해야 한다. ▶ have to ~해야 한다 (의무)

❶ _____ .

너는   지불해야한다   그 점원에게   10달러를

❷ _____ .

너는   지불해야한다   10달러를   그 점원에게

6 켄(Ken)은 로이(Roy)에게 그의 자전거를 팔았다.

❶ _____ .

켄은   팔았다   로이에게   그의 자전거를

❷ _____ .

켄은   팔았다   그의 자전거를   로이에게

7 내 친구가 캐롤(Carol)에게 탄산음료를 사줬다. ▶ soda 탄산음료

❶ _____ .

내 친구가   사줬다   캐롤에게   탄산음료를

❷ _____ .

내 친구가   사줬다   탄산음료를   캐롤에게

8 그는 그의 아내에게 커피를 만들어 준다(타 준다).

❶ _____ .

그는   만들어준다   그의 아내에게   커피를

❷ _____ .

그는   만들어준다   커피를   그의 아내에게

9 켈리(Kelly)는 그 선생님에게 그녀의 비밀을 말했다.

❶ _____ .

켈리는   말했다   그 선생님에게   그녀의 비밀을

❷ _____ .

켈리는   말했다   그녀의 비밀을   그 선생님에게

10 너는 그 경찰관에게 너의 여권을 보여줘야 한다. ▶ must ~해야 한다 (의무)

❶ _____ .

너는   보여줘야 한다   그 경찰관에게   너의 여권을

❷ _____ .

너는   보여줘야 한다   너의 여권을   그 경찰관에게

힌트

동사   pay (paid-paid), show, make (made-made), sell (sold-sold), buy (bought-bought), tell
간접목적어 wife, police officer, teacher, clerk
직접목적어 dollar, bike, soda, coffee, secret, passport

주어(S)	+	동사(V)	+	간접목적어	+	직접목적어
Jenny		may lend		him		her umbrella.
Jessica		made		me		a sandwich.

❶은 '간접목적어+직접목적어' 순서의 4형식 문장으로, ❷는 목적어 뒤에 전치사구가 오는 3형식 문장으로 쓰세요.

1　그에게 물 한 잔 갖다 줘라.　▶ a glass of ~ 한 잔 / get ~에게 …을 가져다 주다

❶ _____.
　　가져다 줘라　　　　　　　　　　　그에게　　　　물 한 잔을

❷ _____.
　　가져다 줘라　　　　　물 한 잔을　　　　　　　　그에게

2　내 안경 좀 찾아줘.

❶ _____.
　　찾아주다　　　　　　　나에게　　　　내 안경을

❷ _____.
　　찾아주다　　　　　　　내 안경을　　　　　　　나에게

3　그는 그녀에게 꽃을 보냈다.

❶ _____.
　　그는　　　　　　보냈다　　　　　그녀에게　　　꽃을

❷ _____.
　　그는　　　　　　보냈다　　　　　꽃을　　　　　　그녀에게

4　이 선생님(Mr. Lee)은 그들에게 몇 가지 질문을 했다.

❶ _____.
　　이 선생님은　　　　　물었다　　　그들에게　　　몇 가지 질문을

❷ _____.
　　이 선생님은　　　　　물었다　　　몇 가지 질문을　　　그들에게

힌트

동사	ask, send (sent-sent), get (got-gotten), find (found-found)
직접목적어	flower, water, glasses, question

Practice ❸ 주어 + 동사 + 간접목적어 + 직접목적어(의문사 + to부정사)

주어(S)	+	동사(V)	+	간접목적어	+	직접목적어
The man		will teach		you		how to read English.
She		told		me		what to do.

1 언제 이사할지 네 친구들에게 말해 줘.

→ _____.

      말해라   네 친구들에게   언제 이사할지를

2 나는 그에게 무엇을 할 것인지 물었다.

→ _____.

      나는   물었다   그에게   무엇을 할 것인지를

3 그녀는 남동생에게 자전거 타는 법을 가르쳐 주었다.

→ _____.

      그녀는   가르쳐 주었다   그녀의 남동생에게   자전거 타는 법을

4 그는 그의 어머니에게 무엇을 입을지 물었다.

→ _____.

      그는   물었다   그의 어머니에게   무엇을 입을지를

5 그녀는 우리에게 어디로 가야 할지 말해 주었다.

→ _____.

      그녀는   말했다   우리에게   어디로 가야 할지를

6 우리는 그들에게 테니스 치는 법을 가르쳐 줄 것이다.

→ _____.

      우리는   가르쳐 줄 것이다   그들에게   테니스 치는 법을

힌트

동사	ask, teach (taught-taught), tell
간접목적어	brother, mother, friend, us, them, him
직접목적어	do, ride a bike, wear, go, play tennis, move

7 내게 그것을 어떻게 사용하는지 보여줄래? ▶ can you ~ 해 줄래?

→ _____ ?
　해줄 수 있니　　　너는　　　보여주다　　　나에게　　어떻게 그것을 사용하는지를

8 그녀가 네게 어디에서 만날지 말해 줄 것이다.

→ _____ .
　그녀는　　　　　말해줄 것이다　　　　너에게　　어디에서 만날지를

9 그 무용수는 우리들에게 춤추는 법을 보여주었다. ▶ dancer 무용수

→ _____ .
　그 무용수는　　　　보여줬다　　　우리에게　　춤추는 법을

10 그 선수는 마이크(Mike)에게 공 차는 법을 가르쳤다. ▶ kick a ball 공을 차다

→ _____ .
　그 선수는　　　　가르쳐줬다　　마이크에게　　공 차는 법을

11 나는 우리 선생님께 무엇을 만들어야 할지 물어볼 것이다.

→ _____ .
　나는　　물어볼 것이다　　　우리 선생님에게　　무엇을 만들어야 할지를

12 나는 그 아이들에게 무엇을 보게 될지 말해 주지 않았다.

→ _____ .
　나는　　말해 주지 않았다　　그 아이들에게　　무엇을 보게 될지를

13 그녀가 네게 어디에서 내려야 할지 말해 줄 것이다. ▶ get off (탈것에서) 내리다

→ _____ .
　그녀가　　말해 줄 것이다　　　너에게　　어디에서 내려야 할지를

14 그 연구는 우리에게 무엇을 먹어야 할지 보여준다. (study)

→ _____ .
　그 연구는　　　보여준다　　우리에게　　무엇을 먹어야 할지를

힌트

동사　　　　show, ask, tell, teach
간접목적어　teacher, children, you, me, us
직접목적어　use, meet, dance, kick a ball, make, see, get off, eat

방법을 나타내는 부사로 수식하기

carefully 조심스럽게
easily 쉽게
patiently 끈기 있게

happily 즐겁게
loudly 큰 소리로
quickly 급히, 신속히

eagerly 열심히, 간절히
quietly 조용히, 나직이
well 잘

Mr. Kim | asked | them | some questions ↘. loudly

김 선생님은 그들에게 **큰 소리로** 몇 가지 질문을 했다.

1 그가 네게 간절히 부탁할지도 모른다. ▸ ask ~ a favor ~에게 부탁하다

→ _____ .

2 케이트(Kate)는 내게 그 꽃병을 조심스럽게 가져다 주었다. (vase) ▸ bring-brought-brought

→ _____ .

3 나는 즐겁게 그녀에게 그 질문들을 했다. (ask)

→ _____ .

4 나는 급히 그에게 이 보고서를 건네줘야 해. (pass, report) ▸ have to ~해야만 한다 (의무)

→ _____ .

5 우리는 큰 소리로 그들에게 그 소식을 말했다. (tell)

→ _____ .

6 그는 그의 친구에게 조용히 그 이유를 말해 주었다. (tell, reason)

→ _____ .

7 낸시(Nancy)는 나직이 그 선생님에게 질문을 했다.

➙ _____ .

8 그 환자는 끈기 있게 그 의사에게 부탁을 했다. (patient)

➙ _____ .

9 그 미국인이 네게 영어를 잘 가르쳐 줄지도 모른다. (American) ▶ may ~일지도 모른다

➙ _____ .

10 그녀는 우리에게 돈을 쉽게 빌려주지 않을 것이다. (lend) ▶ 부정문에서는 명사 앞에 any를 써요.

➙ _____ .

11 내 친구는 내게 우산을 빨리 찾아 주었다.

➙ _____ .

12 그 남자는 그 탐정에게 사진 몇 장을 조심스럽게 보여주었다. (detective)

➙ _____ .

13 너는 그에게 그 편지를 신속히 보내는 편이 좋겠다. (send) ▶ should ~하는 게 좋겠다 (충고)

➙ _____ .

14 그녀는 우리에게 치킨 수프를 빠르게 요리해 주었다. (cook, chicken soup, fast)

➙ _____ .

15 나는 인내심을 가지고 그녀에게 그 질문들을 했다. (ask)

➙ _____ .

'as + 명사'의 부사구로 수식하기

as an English teacher 영어 교사로서   **as** a Korean 한국인으로서
as a friend 친구로서   **as** a birthday present 생일 선물로

▶ 여기서 as는 '~로(서)'라는 의미로 역할이나 자격, 기능을 나타내요.

I bought Jenny a doll ↘. ⟨ as a present ⟩
나는 제니에게 **선물로** 인형을 사줬다.

---

16 그녀는 친구로서 내게 한 가지 부탁을 했다.

➡ _____.

17 그레이스(Grace)는 내게 생일 선물로 케이크를 만들어 주었다. **(present)**

➡ _____.

18 이 선생님(Mr. Lee)은 영어 교사로서 그 아이들에게 영어를 가르쳤다.

➡ _____.

19 그녀는 한국인으로서 그 소식을 모든 이에게 말해야만 했다. **(everyone)** ▶ have to ~해야 한다 (의무)

➡ _____.

20 우리는 그의 친구들로서 그에게 몇 가지 충고를 해주었다. ▶ give ~ some advice ~에게 몇 가지 충고를 하다

➡ _____.

21 우리 부모님은 크리스마스 선물로 내게 새 시계를 사 주실 것이다. **(watch, Christmas)**

➡ _____.

in New York 뉴욕에 있는   **in** the city 도시에 있는   **on** one's bed 잠자리에 있는

in the classroom 교실에 있는   **on** vacation 휴가 중인   **across** the road 길 건너편에 있는

with long hair 긴 머리를 한   **at** the exhibition 전시회에서

나는 **뉴욕에 있는** 삼촌에게 소포를 보냈다.

→ I | sent | my uncle ↓ | in New York | a package . (X)

→ I | sent | a package | to my uncle ↓ . | in New York (O)

▶ 이처럼 전치사구가 붙어서 간접목적어가 길어질 경우에는 '전치사 + 간접목적어' 형태로 바꿔서 문장 뒤로 보내줘요.

❶은 '간접목적어+직접목적어'의 순서로, ❷는 전치사구가 간접목적어를 수식하게 되어서 순서가 바뀐 문장으로 쓰세요.

22 ❶ 나는 이 그림을 그 선생님에게 보여드려야 한다. ▶ have to ~해야만 한다 (의무)

→ _____ .

❷ 나는 이 그림을 교실에 계시는 선생님에게 보여드려야 한다.

→ _____ .

23 ❶ 나는 이 카드를 나의 삼촌에게 보낼 것이다.

→ _____ .

❷ 나는 이 카드를 런던에 계시는 나의 삼촌에게 보낼 것이다. (London)

→ _____ .

24 ❶ 그녀는 그녀의 친구에게 메시지를 남겼다. ▶ leave ~ a message ~에게 메시지를 남기다

→ _____ .

❷ 그녀는 휴가 중인 그녀의 친구에게 메시지를 남겼다.

→ _____ .

25 ❶ 네 남동생에게 이 수프를 가져다 주겠니? (take, soup)

➡ _____?

❷ 잠자리에 있는 네 남동생에게 이 수프를 가져다 주겠니?

➡ _____?

26 ❶ 우리는 그 여자에게 짐 가방을 찾아 주어야 한다. (find, luggage) ▶ have to ~해야 한다 / luggage는 셀 수 없는 명사예요.

➡ _____.

❷ 우리는 긴 머리를 한 그 여자에게 짐 가방을 찾아 주어야 한다.

➡ _____.

27 ❶ 정부는 그 아이들에게 도서관을 만들어 줄 것이다. (government, library)

➡ _____.

❷ 정부는 그 도시의 아이들에게 도서관을 만들어 줄 것이다.

➡ _____.

28 ❶ 우리는 그 할머니에게 길을 알려드렸다. (show, old woman, way)

➡ _____.

❷ 우리는 길 건너에 계신 그 할머니에게 길을 알려드렸다.

➡ _____.

29 ❶ 앤디(Andy)는 그 개에게 뼈다귀를 하나 주었다. (bone)

➡ _____.

❷ 앤디(Andy)는 사슬에 묶인 그 개에게 뼈다귀를 하나 주었다. ▶ on a chain 사슬에 묶인

➡ _____.

30 ❶ 그녀는 그 아이들에게 책을 읽어 줄 것이다.

➡ _____ .

❷ 그녀는 전시회에 온 아이들에게 책을 읽어 줄 것이다. (exhibition)

➡ _____ .

31 ❶ 그녀는 아들에게 장난감을 사 줄 것이다. (toy)

➡ _____ .

❷ 그녀는 뉴욕에 있는 아들에게 장난감을 사 줄 것이다.

➡ _____ .

32 ❶ 그는 부모님께 새 집을 사 드릴 것이다.

➡ _____ .

❷ 그는 고향에 계시는 부모님께 새 집을 사 드릴 것이다. (hometown)

➡ _____ .

33 ❶ 나는 아버지에게 큰 카드를 보냈다.

➡ _____ .

❷ 나는 중국에 계시는 아버지에게 큰 카드를 보냈다. (China)

➡ _____ .

PART **5**

목적보어

1. 목적어를 보충해 주는 목적보어

1 '주어＋동사＋목적어' 뒤에 목적어를 보충·설명해 주는 말을 넣어서 목적어의 상태나 성격을 나타낼 수 있어요. 이렇게 쓰이는 보충해 주는 말을 '목적보어'라고 해요. 따라서 목적보어는 목적어와 긴밀한 관계를 가져요.

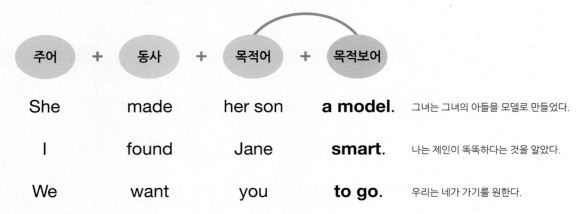

주어	＋	동사	＋	목적어	＋	목적보어	
She		made		her son		**a model**.	그녀는 그녀의 아들을 모델로 만들었다.
I		found		Jane		**smart**.	나는 제인이 똑똑하다는 것을 알았다.
We		want		you		**to go**.	우리는 네가 가기를 원한다.

2 이러한 문장 구조를 가지는 대표적인 동사들을 크게 3가지로 나눌 수 있어요.

일반동사

advise ~가 …하기를 충고하다   ask ~가 …하기를 요청하다

allow ~가 …하기를 허락하다   expect ~가 …하기를 기대하다

tell ~에게 …하라고 말하다   want ~가 …하기를 원하다

지각동사 감각기관(눈, 귀, 피부 등)을 통해 알게 되는 동사

see ~가 …하는 것을 보다   watch ~가 …하는 것을 지켜보다

hear ~가 …하는 것을 듣다   feel ~가 …하는 것을 느끼다

사역동사 남이 뭔가 하도록 시키는 동사

let ~가 …하게 (허가, 허락)하다   make ~가 …하게 (억지로) 시키다

have ~가 …하게 하다 (명령, 부탁)

다음 각 문장의 주어, 동사, 목적어, 목적보어를 '/'로 구분하세요.

1 Music makes me happy.

2 She had him wash the dishes.

3 I had my brother clean the room.

4 I found the book interesting.

5 I saw him leave the room.

6 I want you to help me.

7 My teacher told us to be careful.

8 Steve let me use his bike.

9 I didn't expect you to come here.

10 She asked me to lend her some money.

11 I will let you know about the result.

 다음 주어진 단어를 재배열하여 '주어 + 동사 + 목적어 + 목적보어'의 구조를 완성하세요.

1 The news [us, made, sad]. → The news _____ .

2 I [you, want, to look at this]. → I _____ .

3 We [Sarah, think, a good friend]. → We _____ .

4 The cartoon [me, makes, laugh]. → The cartoon _____ .

5 The boy [use his phone, let, her]. → The boy _____ .

6 Can I [play the piano, you, hear]? → Can I _____ ?

2. 목적보어 자리에 오는 명사와 형용사

1 목적어를 보충 설명해 주는 목적보어 자리에는 다양한 형태가 올 수 있어요. 그 중 먼저 명사나 형용사가 오는 경우를 살펴봅시다.

목적보어 자리에 명사가 올 때는 동사 뒤에 명사(대명사 포함)가 두 개 연달아 나오게 됩니다. 해석은 '~가 …하다고 여기다, 부르다, 생각하다'와 같이 목적어의 성질을 설명하듯 해석해요.

목적보어 자리에 명사가 오는 경우

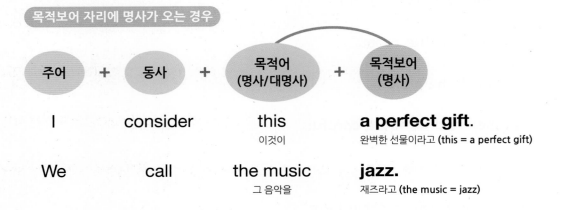

| 주어 | + | 동사 | + | 목적어 (명사/대명사) | + | 목적보어 (명사) |

I consider this **a perfect gift**.
이것이 완벽한 선물이라고 (this = a perfect gift)

We call the music **jazz.**
그 음악을 재즈라고 (the music = jazz)

2 목적보어 자리에 형용사가 올 때는 목적어와 목적보어가 마치 주어와 동사의 관계인 것처럼 해석해요.

목적보어 자리에 형용사가 오는 경우

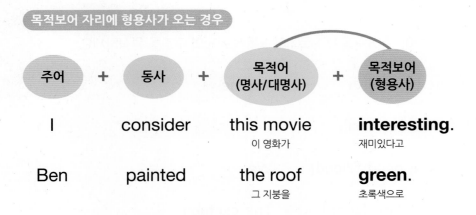

| 주어 | + | 동사 | + | 목적어 (명사/대명사) | + | 목적보어 (형용사) |

I consider this movie **interesting**.
이 영화가 재미있다고

Ben painted the roof **green.**
그 지붕을 초록색으로

A 다음 각 문장의 목적어에 동그라미 하고, 목적보어에 밑줄을 그으세요. 또한 목적어와 목적보어의 관계를 생각하며 각 문장을 해석하세요.

1 They keep the street clean.   (   )

2 The long walk made us tired.   (   )

3 They considered him a criminal.   (   )

4 They elected her president.   (   )

5 We thought the dog smart.   (   )

6 We found the game exciting.   (   )

7 NASA found the astronauts healthy.   (   )

▶ criminal 범인 / elect 선출하다 / president 대통령 / astronaut 우주 비행사

B 다음 우리말로 된 목적어와 목적보어를 영어로 고쳐 문장을 완성하세요.

1 우리는 그를 바보로 여겼다.   → We considered _____ .

2 그는 그 의사를 Bones라고 불렀다.   → He called _____ .

3 그녀는 나를 Maria라고 부른다.   → She calls _____ .

4 너의 노래는 우리를 행복하게 만든다.   → Your song makes _____ .

5 우리는 그 문을 빨갛게 칠했다.   → We painted _____ .

6 그들은 그것이 이상하다고 생각했다.   → They thought _____ .

▶ idiot 바보, 멍청이

3. 목적보어 자리에 오는 to 부정사와 원형 부정사

1 목적보어 자리에는 to 부정사나 원형 부정사(동사원형)가 오기도 해요. 이때는 주어 뒤의 동사 성격에 따라 to 부정사와 원형 부정사를 구별해서 써요.

2 advise(충고하다), ask(요청하다), allow(허락하다), expect(기대하다), force(강요하다), order(명령하다), tell(말하다), want(원하다)와 같은 일반동사 뒤에는 to 부정사를 써요. 해석할 때는 목적어와 목적보어가 마치 주어와 동사 관계인 것처럼 해석해요.

> **일반동사 뒤의 목적보어 자리에는 to 부정사를 써요**

주어	+	일반동사	+	목적어 (명사/대명사)	+	목적보어 (to 부정사)
I		want		you 네가		**to do** something. 뭔가 하기를
Sue		told		me 내가		**to be** careful. 조심하라고

3 사역동사(make, let, have)나 지각동사(see, hear, feel...) 뒤에는 목적보어로 원형 부정사, 즉 동사원형을 써요. 해석할 때는 목적어와 목적보어가 마치 주어와 동사 관계인 것처럼 해석해요.

> **사역동사나 지각동사 뒤의 목적보어 자리에는 원형 부정사를 써요**

주어	+	사역동사 지각동사	+	목적어 (명사/대명사)	+	목적보어 (원형 부정사)
They		made		us 우리가		**study** hard. 열심히 공부하도록
Jane		let		him 그가		**talk**. 말하게
My brother		saw		you 네가		**eat** my pie. 내 파이를 먹는 것을
I		heard		Mary 메리가		**sing**. 노래 부르는 것을

다음 각 동사에 유의하여 알맞은 형태의 목적보어에 동그라미 하세요.

1 asked her (to explain, explain)

2 wants Mary (to know, know)

3 let her (to leave, leave)

4 watched the cat (to play, play)

5 saw them (to work, work)

6 had the man (to fix, fix) it

7 allow me (to use, use) the computer

8 hear the bird (to sing, sing)

9 made me (to go, go) alone

10 felt the house (to shake, shake)

 다음 우리말로 된 목적어와 목적보어를 영어로 고쳐 문장을 완성하세요.

1 우리 부모님은 내가 결정을 내리게 하셨다. (decide)

   ➤ My parents let _____ _____ .

2 존은 그녀가 그것에 대해 잊어버리길 바랐다. (forget)

   ➤ John wanted _____ _____ about it.

3 난 네가 너의 선생님을 만나보기를 충고한다. (meet)

   ➤ I advise _____ your teacher.

4 우리는 그들이 소리치는 것을 들었다. (shout)

   ➤ We heard _____ .

5 그는 우리가 그곳에 가기를 강요했다. (go)

   ➤ He forced _____ there.

6 나는 네가 그녀를 도와주기를 바란다. (help)

   ➤ I expect _____ her.

Practice ① 목적보어가 명사인 문장 만들기

주어(S)	+	동사(V)	+	목적어(O)	+	목적보어
I		think		my pet		a friend.
She		made		her son		an athlete.

1 미국인들은 오바마(Obama)를 대통령으로 선출했다. ▶ 관직·신분을 나타내는 명사 앞에는 관사를 쓰지 않아요.

➡ _____ _____ _____ _____ .
　　미국인들은　　　　　　　　선출했다　　　　　　　　오바마를　　　　　　　　대통령으로

2 사람들은 그를 백만장자로 여긴다.

➡ _____ _____ _____ _____ .
　　사람들은　　　　　　　　여긴다　　　　　　　　그를　　　　　　　　백만장자로

3 나는 내 자신을 천재라고 생각하지 않는다.

➡ _____ _____ _____ _____ .
　　나는　　　　　　　　생각하지 않는다　　　　　　　　내 자신을　　　　　　　　천재라고

4 우리는 그를 회장으로 선택했다.

➡ _____ _____ _____ _____ .
　　우리는　　　　　　　　선택했다　　　　　　　　그를　　　　　　　　회장으로

5 내 친구들은 나를 브루스(Bruce)라고 불렀다.

➡ _____ _____ _____ _____ .
　　내 친구들은　　　　　　　　불렀다　　　　　　　　나를　　　　　　　　브루스라고

6 그 선원들은 그 배를 Queen Mary라고 이름 지었다.

➡ _____ _____ _____ _____ .
　　그 선원들은　　　　　　　　이름 지었다　　　　　　　　그 배를　　　　　　　　Queen Mary라고

힌트

주어	The American, people, sailor, I, friend, we
동사	elect, consider, think, choose (chose-chosen), call, name
목적보어	president, millionaire, genius, chairman

주어(S)	+	동사(V)	+	목적어(O)	+	목적보어
I		think		my pet		very smart.
She		found		the bag		very expensive.

1 그녀는 그녀의 방을 초록색으로 칠했다.

➡ _____ .

    그녀는   칠했다   그녀의 방을   초록색의

2 모든 시험은 나를 긴장하게 만든다. ▶ every 모든 / every 뒤에는 단수 명사가 와요.

➡ _____ .

    모든 시험은   만든다   나를   긴장하는

3 나는 그를 정직하다고 여긴다.

➡ _____ .

    나는   여긴다   그를   정직한

4 경찰관들은 거리를 안전하게 유지한다. ▶ the police(= police officers)는 항상 복수 취급해요.

➡ _____ .

    경찰관들은   유지한다   그 거리들을   안전한

5 더운 날씨가 사람들을 지치게 한다. ▶ weather는 셀 수 없는 명사예요.

➡ _____ .

    더운 날씨는   만든다   사람들을   지친

6 그 과학자는 그 동굴이 신비하다는 것을 알았다.

➡ _____ .

    그 과학자는   알아냈다   그 동굴이   신비로운

힌트

주어	test, the police, weather, scientist, I, she
동사	paint, make (made-made), consider, keep, find (found-found)
목적보어	nervous, green, honest, tired, safe, mysterious

주어(S)	+	동사(V)	+	목적어(O)	+	목적보어
Cathy		allowed		me		to stay with her.
I		want		you		to do something.

1 나는 네가 일찍 오길 원한다.

➡ _____ .

나는 　　　　　　원한다 　　　　　　네가 　　　　　　일찍 오기를

2 그들은 그에게 진실을 말할 것을 강요했다.

➡ _____ .

그들은 　　　　　강요했다 　　　　　그가 　　　　　진실을 말할 것을

3 그녀는 남편에게 그것을 살 것을 권유했다.

➡ _____ .

그녀는 　　　　　조언했다 　　　　　그녀의 남편이 　　　　　그것을 살 것을

4 나는 제이크(Jake)에게 우리를 도와 달라고 부탁했다.

➡ _____ .

나는 　　　　　　부탁했다 　　　　　제이크가 　　　　　우리를 도와 줄 것을

5 우리 언니는 내가 그녀의 코트를 입는 것을 허락했다.

➡ _____ .

나의 언니는 　　　　허락했다 　　　　　내가 　　　　　그녀의 코트를 입는 것을

6 우리는 네가 그 팀에 합류하기를 기대한다.

➡ _____ .

우리는 　　　　　기대한다 　　　　　네가 　　　　　그 팀에 합류하기를

힌트

동사　　 want, force, advise, ask, allow, expect
목적보어 come, tell, buy, help, wear, join

Practice ④ 목적보어가 원형 부정사인 문장 만들기

주어(S)	동사(V)	목적어(O)	목적보어
Jane	let	him	talk.
I	heard	you	sing.

★ 사역동사(let, have, make)

1 그녀의 부모님은 그녀가 바지를 입게 했다. ▸ pants(바지)는 항상 복수형으로 써야 해요.

➡ _____ .

그녀의 부모님은　　　　(억지로) ~하게 했다　　　　그녀가　　　　바지를 입게

2 그들은 존(John)이 돌아오게 했다. ▸ come back 돌아오다

➡ _____ .

그들은　　　　~하게 시켰다　　　　존이　　　　돌아오게

3 그녀는 아이들이 설거지를 하도록 시켰다. ▸ do the dishes 설거지하다

➡ _____ .

그녀는　　　　~하게 시켰다　　　　그녀의 아이들이　　　　설거지를 하게

4 피터(Peter)는 그의 친구가 그의 새 차를 운전해 보게 했다.

➡ _____ .

피터는　　　　~해보게 했다　　　　그의 친구가　　　　그의 새 차를 운전해 보게

5 우리 아버지는 내가 그 파티에 가게 하지 않을 것이다.

➡ _____ .

나의 아버지는　　　　~하게 (허락)하지 않을 것이다　　　　내가　　　　그 파티에 가게

6 그 선생님은 학생들이 그 책을 읽게 했다.

➡ _____ .

그 선생님은　　　　(억지로) ~하게 했다　　　　그 학생들이　　　　그 책을 읽게

힌트

목적보어 wear, come, do, drive, go, read

★ 지각동사(see, hear, feel ...)

7 나는 그가 그 방에 들어가는 것을 봤다.

➡ _____ _____ _____ _____.

　나는　　　　　　　　　봤다　　　　　　　　　그가　　　　　　　　　그 방에 들어가는 것을

8 그들은 그 건물이 흔들리는 것을 느꼈다.

➡ _____ _____ _____ _____.

　그들은　　　　　　　　느꼈다　　　　　　　　그 건물이　　　　　　　흔들리는 것을

9 우리는 네가 비밀을 말하는 것을 들었어.

➡ _____ _____ _____ _____.

　우리는　　　　　　　　들었다　　　　　　　　네가　　　　　　　　　그 비밀을 말하는 것을

10 그 감독은 그들이 야구하는 것을 지켜보았다.

➡ _____ _____ _____ _____.

　그 감독은　　　　　　　지켜보았다　　　　　　그들이　　　　　　　　야구하는 것을

11 실비아(Silvia)는 그들이 노래하는 것을 들었다.

➡ _____ _____ _____ _____.

　실비아는　　　　　　　들었다　　　　　　　　그들이　　　　　　　　노래하는 것을

12 나는 바람이 부는 것을 느낄 수 있었다.

➡ _____ _____ _____ _____.

　나는　　　　　　　　　느낄 수 있었다　　　　바람이　　　　　　　　부는 것을

13 그 소년은 그 사자가 달리는 것을 지켜보았다.

➡ _____ _____ _____ _____.

　그 소년은　　　　　　　지켜보았다　　　　　　그 사자가　　　　　　　달리는 것을

14 나는 그 가수가 노래하는 것을 시청했다.

➡ _____ _____ _____ _____.

　나는　　　　　　　　　시청했다　　　　　　　그 가수가　　　　　　　노래하는 것을

힌트

동사　　see (saw-seen), feel (felt-felt), hear (heard-heard), watch
목적보어　enter, shake, tell, play, sing, blow, run

전치사구로 수식하기

on ~에서	at ~에서	with ~을 가진, ~이 달린
on television(=on TV) TV에서	at the party 파티에서	with a beard 턱수염이 있는
on the radio 라디오에서	at a concert 콘서트에서	with short hair 머리가 짧은
on the phone 전화로	at the stadium 경기장에서	with big eyes 눈이 큰
on the bus 버스에서	at the station 역에서	with glasses 안경을 쓴
on the train 기차에서	at the airport 공항에서	with a suitcase 서류 가방을 든
on the street 길에서	at the bank 은행에서	

People ↙ [on the street] felt the ground shake .

길에 있던 사람들은 땅이 흔들리는 것을 느꼈다.

A girl ↙ [with long hair] kept the window open .

긴 머리를 한 소녀가 창문을 열어 두었다.

---

1 전화상에서 그의 목소리는 나를 긴장하게 만든다. (make, nervous)

➡ _____ .

2 슈퍼마켓에 있던 여자는 그 문이 열리는 것을 들었다. (supermarket, hear)

➡ _____ .

3 그 공연장의 모든 팬들은 그 가수가 노래하는 것을 지켜보았다. (concert, watch)

➡ _____ .

4 파티에 있던 사람들은 그녀가 노래하는 것을 지켜보았다.

➡ _____ .

5 짧은 머리를 한 선생님이 그들이 교실 청소를 하도록 명령했다. (short hair, order)

➡ _____ .

6 파티장의 모든 여자들은 그가 춤추는 것을 지켜보았다.

➡ _____ .

7 안경을 쓴 여자가 우리에게 그 노인을 도와 달라고 부탁했다. (ask, old man)

➡ _____ .

8 은행에 있던 아이는 그 도둑이 지갑을 훔치는 것을 보았다. (steal, wallet)

➡ _____ .

9 공항에 있던 사람들은 건물이 흔들리는 것을 느꼈다. (shake)

➡ _____ .

10 TV 속의 저 남자 배우는 자기 자신이 톱스타라고 여긴다. (consider, top star)

➡ _____ .

11 서류 가방을 든 남자가 우리에게 그 책들을 살 것을 권유했다. (advise)

➡ _____ .

12 교실의 더운 공기가 그 학생들을 지치게 만들었다. (air, make)

➡ _____ .

13 비행기를 탄 소년들은 구름(들)이 움직이는 것을 보았다. (plane, move)

➡ _____ .

관용어구로 살 붙이기

on one's way (to) ~하는 도중에

on one's way home 집에 가는 길에
on one's way to school 등굣길에
on one's way to work 출근길에
on one's way back 돌아가는 길에

with all one's heart (to) 진심으로

with all my heart 마음을 다해
with all their heart 정성을 다해

for the first time (난생) 처음으로, 최초로

for the first time 처음으로
for the first time three days ago 3일 전 처음으로
for the first time in 2012 2012년에 처음으로
for the first time in ten years 10년 만에 처음으로

▶ one's 자리에는 주어에 맞게 소유격을 쓰거나 the를 쓸 수 있어요. to 뒤에는 장소를 나타내는 명사가 와요.

I saw him come ↘ . on my way home 나는 **집에 오는 길에** 그가 오는 것을 보았다.

I want you to come ↘ . with all my heart 나는 **진심으로** 네가 오길 원해.

She asked me to help her ↘ . for the first time 그녀는 내게 **처음으로** 그녀를 도와 달라고 부탁했다.

14 우리는 도중에 그가 차를 멈추기를 기대했다. (expect)

➡ _____ .

15 그녀는 메리(Mary)가 학교 가는 길에 벤(Ben)을 데려가기를 원한다. (take)

➡ _____ .

16 나는 집에 가는 길에 그가 길을 건너는 것을 보았다. (cross, road)

➡ _____ .

17 너는 진심으로 그것을 비밀로 지켜야 해. (have to, secret)

→ _____.

18 그는 내가 그의 친구들을 정성을 다해 도와 주길 원한다.

→ _____.

19 그들은 마음을 다해 그 팀이 그 경기에 이길 것을 기대했다. (expect)

→ _____.

20 우리 부모님은 처음으로 내가 혼자 여행하게 하셨다. (let, travel, alone)

→ _____.

21 캐롤(Carol)은 3일 전 처음으로 그녀의 친구가 그녀의 새 차를 운전해 보게 했다.

→ _____.

22 그들은 2010년에 최초로 그녀를 대통령으로 선출했다. (elect, president)

→ _____.

23 그녀는 처음으로 몇몇 나무들이 쓰러지는 것을 봤다. (some, fall down)

→ _____.

24 그는 내게 나의 마음을 다해 그를 이해해 달라고 말했다.

→ _____.

중학교 시험에 나오는 서술형 주관식 평가 ❷

1 다음 빈칸에 공통으로 들어갈 말을 쓰시오.

> · He talked to _____.
> · He cut _____ while cooking.
> · He taught _____ instead of going to school.

→ _____

[2-3] 다음 그림을 보고 주어진 단어를 사용하여 빈칸을 채우시오.

2

> cook, decided, what, to

→ Amy _____ _____ _____ for dinner.

3

> know, turn off, to, when

→ She didn't _____ _____ _____ _____ the gas.

4 다음 우리말에 맞게 주어진 단어를 바르게 배열하시오.

> 우리는 그가 사라진 것을 알아냈다.
> (that, he, disappeared, found, We)

→ _____

5 다음 우리말에 맞게 빈칸에 알맞은 말을 쓰시오.

> 나는 그녀가 나를 좋아한다는 것을 알고 있다.

→ I know _____ _____ _____ _____.

[6-7] 다음 두 문장이 같은 뜻이 되도록 빈칸에 알맞은 단어를 쓰시오.

6 You should bring the book for me.

= You should bring _____ _____ _____.

7 I showed him the picture.

= I showed _____ _____ _____ _____.

[8–9] 각 문장 ⓐ와 ⓑ에 들어갈 수 있는 동사를 보기에서 골라 쓰시오.

8

> ⓐ Grace will _____ a gift for her sister.
> ⓑ I will _____ my book to him.

> 보기 lend send make buy bring

> ⓐ _____
> ⓑ _____

9 다음 문장에서 어법상 틀린 부분을 찾아 바르게 고쳐 쓰시오.

> I gave he a book.

→ _____

10 다음 우리말에 맞게 주어진 단어를 바르게 배열하시오.(필요하면 단어의 형태를 바꾸시오.)

> 나는 그녀에게 조용히 그 질문을 했다.
> (ask, quiet, her, the, question, I)

→ _____

[11–12] 다음 주어진 동사를 이용하여 우리말을 영어로 바꿔 쓰시오.

11

> 그녀는 내게 그녀를 도와달라고 부탁했다. (ask)

→ _____

12

> 그들은 그녀가 떠나게 해 주었다. (let)

→ _____

13 다음 주어진 단어를 이용하여 문장을 완성하시오.
(필요하면 단어의 형태를 바꾸시오.)

> make, Your song, happy, me

→ _____

14 다음 각 문장에서 어법상 틀린 부분을 찾아 바르게 고쳐 쓰시오.

1) People watched her to sing.

→ _____

2) She made her children doing the dishes.

→ _____

15 밑줄 친 우리말에 해당하는 영어 표현을 쓰시오.

> I saw him come <u>집에 오늘 길에.</u>

→ _____

16 다음 상황에 알맞게 주어진 단어들을 바르게 배열하시오.

> makes, Hot, us, tired, weather

→ _____

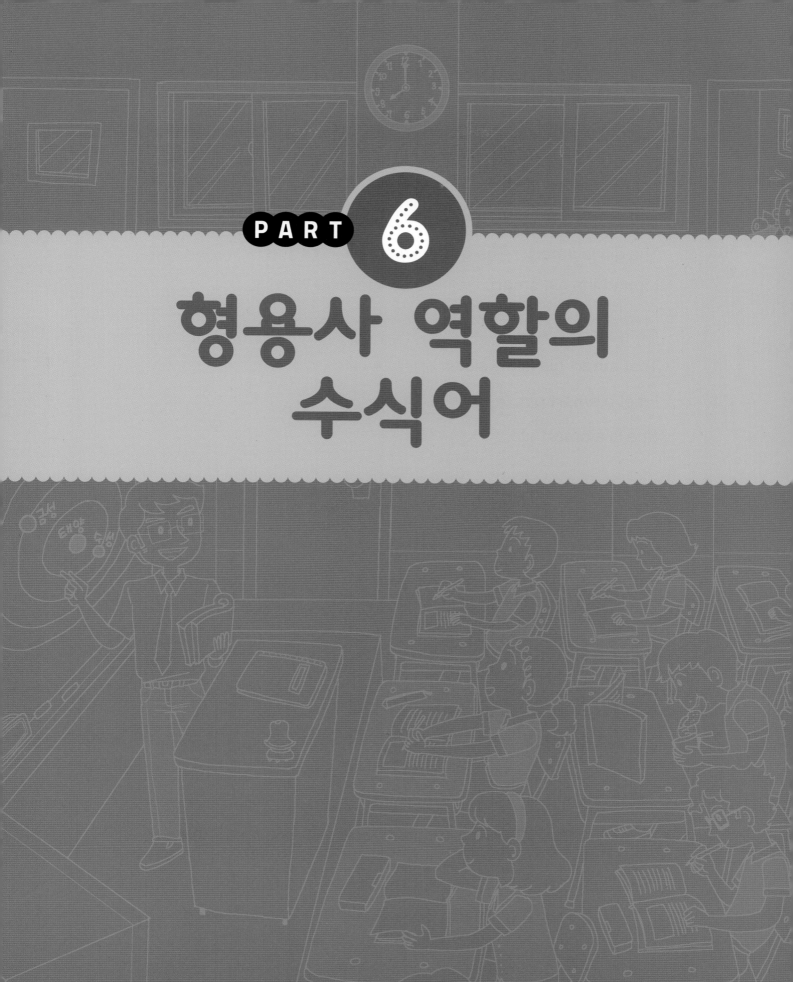

PART **6**

형용사 역할의 수식어

1. 명사를 꾸며 주는 형용사

1 형용사는 문장에서 다음과 같은 역할을 해요.

> **주격 보어나 목적격 보어로 쓰여요**

The girl is **smart**. / The girl looks **smart**. [주격 보어] ▶ 주어인 The girl을 보충 설명해 줌

I found the girl **smart**. [목적격 보어] ▶ 목적어인 the girl을 보충 설명해 줌

> **명사를 꾸며 주는 수식어 역할을 해요**

That **smart** girl is my sister. [주어로 쓰인 명사 girl을 수식]

I met a **smart** girl. [목적어로 쓰인 명사 girl을 수식]

She is a **smart** girl. [보어로 쓰인 명사 girl을 수식]

2 형용사가 명사를 꾸며 줄 때, 형용사 앞에는 a, two, many처럼 수를 나타내는 말이나 the, this, my와 같은 한정사들이 올 수 있어요.

| a[an], two, many, the, this, some, my, your, all... | **+** | **형용사**
big, cold, good, hot, tiny, white... | **+** | boy, chair, people, smile, student... |

3 형용사가 명사 뒤에 와서 명사를 꾸며 주는 경우가 있어요.

> **-thing, -one으로 끝나는 명사와 함께 쓰이는 형용사**

something **good**
좋은 어떤 것

someone **nice**
친절한 어떤 사람

anything **exciting**
신나는 어떤 것

> **단위 명사와 함께 쓰이는 형용사**

ten years **old**
10살

six feet **tall**/**high**
6피트 키/높이

one meter **deep**
1미터 깊이

three inches **thick**
3인치 두께

four meters **wide**
4미터 폭

ten centimeters **long**
10센티미터 길이

다음 주어진 단어들을 알맞은 순서로 배열하세요.

1 new, something →

2 any, people, famous →

3 old, an, church →

4 legs, its, short →

5 dark, those, clouds →

6 long, three, meters →

7 smile, beautiful, her →

8 wrong, nothing →

9 thick, inches, six →

10 old, thirteen, years →

B 다음 우리말을 영어로 쓰세요.

1 8,848미터 높이 →

2 1인치 두께 →

3 4미터 깊이 →

4 15센티미터 길이 →

5 12살 →

6 5피트 높이 →

7 중요한 어떤 것 →

8 키 큰 누군가 →

2. 명사를 꾸며 주는 to 부정사

1 to 부정사로 명사를 꾸며 줄 수 있어요. 이를 to 부정사의 형용사적 용법이라고 해요. 이때 to 부정사는 '~할'이란 뜻으로 명사 뒤에서 수식해요.

> 형용사적 용법의 to 부정사

I need a book **to read**. 나는 읽을 책이 필요하다.

I need something **to eat**. 나는 먹을 것이 필요하다.

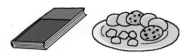

· anything **to play**
  놀

· chance **to win** the race
  경주를 이길

· someone **to meet**
  만날

· the reason **to meet** him
  그를 만나야 할

2 to 부정사로 명사를 수식할 때 다음과 같은 점을 알아두세요.

① to 부정사가 꾸며 주는 명사가 의미적으로 to 부정사의 목적어가 돼요.

He has no friends **to meet**. (He meets friends.)
              만날

② to 부정사 뒤에 반드시 전치사가 필요한 경우가 있어요. to 부정사 뒤에 바로 명사를 둘 때 자연스러운지 확인해 보고 전치사를 써야 할지 결정해요.

He has no friends **to play** with. (He plays friends. ×)
              함께 놀   (He plays with friends. ○)

· something **to sit** on
  앉을

· house **to live** in
  살

· anyone **to talk** to
  이야기할

> **Plus** to 부정사 뒤에 전치사가 붙는지 안 붙는지에 따라 의미의 차이가 생겨요.

I have nothing **to write**. ▶ 쓸 소재

I have nothing **to write** with. ▶ 쓸 필기도구

I have nothing **to write** on. ▶ 쓸 종이

다음 주어진 단어를 이용하여 우리말을 영어로 쓰세요. 일부는 전치사가 필요해요.

do	keep	play	write	sit	attend	see

1 많은 볼 것들 → many things _____

2 (함께) 놀 친구들 → friends _____

3 쓸 펜 → a pen _____

4 지킬 약속 → a promise _____

5 참석할 파티 → a party _____

6 앉을 의자 → a chair _____

7 해야 할 숙제 → homework _____

please	send	stay	pay	complete	spend	follow

8 보낼 편지 → letters _____

9 따를 규칙들 → rules _____

10 쓸 돈 → some money _____

11 머물 호텔 → a hotel _____

12 완료할 보고서 → a report _____

13 지불할 계산서 → a bill _____

14 그녀를 기쁘게 할 뭔가 → something _____

3. 명사를 꾸며 주는 현재분사

1 동사원형에 -ing를 붙여서 만든 현재분사는 '~하고 있는, ~하고 있는 중인'이란 뜻으로 명사를 수식하는 역할을 해요. 현재분사를 쓰면 진행되거나 능동적인 느낌을 줘요.

I saw a **swimming** girl. [swimming이 girl을 수식]
　　　수영하고 있는

The girl is **swimming**. [be동사 + -ing 형태의 현재진행형]
　　　수영하고 있는

· a **working** man　　　· the **arriving** train　　　· the **rising** sun
　　일하는　　　　　　　　　도착하는　　　　　　　　　떠오르는

· an **interesting** book · the **crying** child　　　· this **singing** bird
　　재미있는　　　　　　　　　우는　　　　　　　　　노래하는[지저귀는]

2 현재분사 뒤에 다른 수식어구가 붙으면 현재분사를 명사 뒤로 보냅니다.

I saw a girl **swimming** in the pool.
　　　　　수영장에서 수영하고 있는

· the man **working** in a factory　　· the train **arriving** at platform 3
　　공장에서 일하는　　　　　　　　　　3번 플랫폼에 도착하는

· the child **crying** for no reason　· this bird **singing** early in the morning
　　이유 없이 우는　　　　　　　　　　이른 아침에 지저귀는

Plus 동사원형에 -ing를 붙인 동명사와 현재분사를 구분해 볼까요?

현재분사는 명사를 수식하는 형용사 역할을 하고, 동명사는 '~하기, ~하는 것'이라는 뜻으로 문장에서 명사 역할, 즉 주어, 목적어, 보어 역할을 해요. 동명사도 그 뒤에 수식어가 붙을 수 있어요.

Swimming is fun. [주어]　　　→ **Swimming in the river** is fun.
I like **swimming**. [목적어]　　→ I like **swimming with my friends**.
My hobby is **swimming**. [보어]　→ My hobby is **swimming in the lake**.

다음 주어진 단어를 이용하여 우리말을 영어로 쓰세요.

1 **dance** ① 춤추는 소녀 ➔ a _____ girl

② 무대에서 춤추는 소녀 ➔ a girl _____ on the _____

2 **stand** ① 서 있는 남자 ➔ the _____ man

② 문 옆에 서 있는 남자 ➔ the man _____ by the _____

3 **sleep** ① 잠자는 저 아기 ➔ that _____ baby

② 침대에서 잠자는 저 아기 ➔ that baby _____ on the _____

4 **cook** ① 요리하고 있는 여자 ➔ the _____ woman

② 부엌에서 요리하고 있는 여자 ➔ the woman _____ in the _____

5 **cry** ① 울고 있는 아이 ➔ the _____ child

② 길에서 울고 있는 아이 ➔ the child _____ on the _____

6 **wait** ① 기다리는 이 사람들 ➔ these _____ people

② 밖에서 기다리는 이 사람들 ➔ these people _____

7 **bark** ① 짖는 개 ➔ a _____ dog

② 나무 밑에서 짖는 개 ➔ a dog _____ under the _____

8 **study** ① 공부하고 있는 저 학생들 ➔ those _____ students

② 도서관에서 공부하고 있는 저 학생들

➔ those students _____ in the _____

4. 명사를 꾸며 주는 과거분사

1 과거분사는 '~된, ~해진'이란 뜻으로 명사를 수식하는 형용사 역할을 해요. 과거분사는 동사 끝에 -ed가 붙거나 불규칙한 형태가 있어요. (사전에서 과거분사는 동사 변화의 마지막 단계예요. '동사원형 – 과거형 – 과거분사형')

I'm looking for my **stolen** bike. [stolen이 bike를 수식]
도난당한

> steal(훔치다) - stole - stolen
> lose(잃어버리다) - lost - lost

Did you find your **lost** purse? [lost가 purse를 수식]
잃어버린

2 과거분사는 완료 시제나 수동태를 만들 때 쓰여요. (1권 참고)
그래서 과거분사를 쓰면 완료되었거나 수동적인 느낌을 줘요.

[현재완료] Someone **has stolen** my bike. 누군가 내 자전거를 훔쳐갔다.

[수 동 태] My bike **is stolen**. 내 자전거는 도난당했다.

> break(부수다) - broke - broken
> freeze(얼리다) - froze - frozen
> write(쓰다) - wrote - written

· the **parked** cars   · those **arrested** thieves   · my **repaired** watch
주차된   체포된   수리된

· my **broken** arm   · the **frozen** yogurt   · some **written** books
부러진   얼린   쓰인

3 과거분사 뒤에 다른 수식어구가 붙으면 명사 뒤에서 수식해요.

I'm looking for my bike **stolen** near here.
이 근처에서 도난당한

· the cars **parked** at school   · books **written** by Shakespeare
학교에 주차된   셰익스피어에 의해 쓰여진

· my arm **broken** at school   · the yogurt **frozen** overnight
학교에서 부러진   밤새도록 얼린

다음 주어진 단어를 이용하여 우리말을 영어로 쓰세요.

1 `paint`   ① 그의 칠해진 의자 → his _____ chair

② 붉은색으로 칠해진 그의 의자 → his chair _____ in _____

2 `boil`   ① 삶은 계란 → a _____ egg

② 어젯밤에 삶은 계란 → an egg _____ last _____

3 `arrest`   ① 체포된 강도 → the _____ robber

② 경찰에게 체포된 강도 → the robber _____ by the _____

4 `invite`   ① 초대받은 사람들 → the _____ people

② 파티에 초대받은 사람들 → the people _____ to the _____

5 `fall`   ① 떨어진 바위들 → the _____ rocks

② 땅에 떨어진 바위들 → the rocks _____ on the _____

6 `write`   ① 쓰여진 편지 → a _____ letter

② 영어로 쓰여진 편지 → a letter _____ in _____

7 `bore`   ① 지루해진 관중 → the _____ audience

② 그 영화에 지루해진 관중 → the audience _____ by the _____

8 `break`   ① 상심한 그의 마음 → his _____ heart

② 그녀로 인해 상심한 그의 마음 → his heart _____ by _____

5. 명사를 꾸며 주는 전치사구

1 '전치사+명사[대명사]'로 이루어진 전치사구는 부사 역할과 형용사 역할을 할 수 있어요.

[부사 역할]　　I did it **for** my sister.　[for my sister가 동사 did를 수식]
　　　　　　　　　　누나를 위해서

[형용사 역할]　This is a gift **for** my sister.　[for my sister가 명사 gift를 수식]
　　　　　　　　　　　　　　　누나를 위한

2 전치사구가 명사를 수식하는 형용사 역할을 할 때는 명사 바로 뒤에 와요. 우리말 순서와 비교해 보세요.

긴 머리를 한 소녀

a girl **with** long hair

나무 위의 새들

birds **on** the tree

공장에서 나온 폐수

waste water **from** a factory

손 안의 동전들

coins **in** the hand

3 전치사구를 쓸 때는 전치사에 주의하여 쓰임에 맞게 써야 해요.

the people **in the park** → 공원에 있는 [공간을 나타내는 in]	the picture **on the wall** → 벽에 붙은 [접촉을 나타내는 on]
a hat **with a button** → 단추가 달린 [with: ~이 달린/붙은]	a dog **with a long tail** → 긴 꼬리를 가진 [with: ~을 가진]
one rock **from the moon** → 달에서 가져온 [출처, 기원을 나타내는 from]	some clouds **over the house** → 집 위의 [닿지 않는 위를 나타내는 over]

전치사를 이용하여 다음 우리말을 영어로 쓰세요.

1 바닥에 놓인 책 → the _____ the _____

2 탁자에 있는 우유 약간 → some _____ the _____

3 탁자 아래에 있는 너의 가방 → your _____ the _____
▶ under ~아래에

4 그 통 안의 우산 (bin) → an _____ the _____

5 서울에서 온 나의 사촌 → my _____ _____

6 우리 학교로 온 편지 → the _____ my _____

7 강 위의 다리 (bridge) → a _____ the _____

8 그 책상의 다리들 → the _____ the _____
▶ of ~의

9 한국 역사에 관한 새로운 사실들 → new _____ Korean _____
▶ about ~에 관한

10 나의 질문에 대한 너의 대답 → your _____ my _____

11 곱슬머리를 가진 소년 → the _____ curly _____

12 두 상자 사이의 공 → a _____ two _____
▶ between (두 개) 사이에

13 그로부터 들은 소식 → the _____

14 그 집 뒤에 있는 나무 한 그루 → a _____ the _____
▶ behind ~뒤에

15 그들을 위한 그녀의 충고 → her _____
▶ for ~을 위한

16 네 책상 옆의 의자 → the _____
▶ by, next to ~옆에

your _____

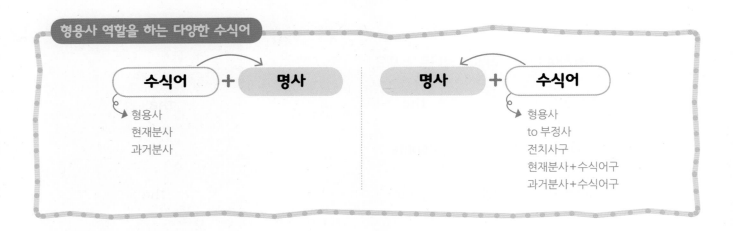

STEP 2 뼈대 문장 만들기

형용사 역할을 하는 다양한 수식어

수식어	+	명사		명사	+	수식어

형용사
현재분사
과거분사

형용사
to 부정사
전치사구
현재분사 + 수식어구
과거분사 + 수식어구

I will buy a jacket.

- I will buy a **brown** jacket. [형용사로 수식]
  갈색의

- I will buy a jacket **to wear in the fall** . [to 부정사로 수식]
  가을에 입을

- I will buy a jacket **made in Italy** . [과거분사로 수식]
  이탈리아에서 만들어진

- I will buy a **thick** jacket **displayed over there** . [형용사와 과거분사로 수식]
  두꺼운   저편에 진열된

- I will buy a jacket **with big pockets** . [전치사구로 수식]
  큰 주머니들이 달린

Quick Check ❶   형용사 역할을 하는 여러 가지 수식어를 완성하세요.

1 야생 원숭이 (wild)   ➡ a _____ monkey

2 긴 꼬리를 가진 원숭이   ➡ a monkey _____ a _____ tail

3 뛰는 원숭이 (jump)   ➡ a _____ monkey

4 다친 원숭이 (injure)   ➡ an _____ monkey

5 아프리카에서 온 원숭이   ➡ a monkey _____ Africa

6 함께 놀 원숭이   ➡ a monkey _____ _____ with

7 나무에서 떨어진 원숭이   ➡ a monkey _____ from a tree

8 나무 위로 올라가는 원숭이   ➡ a monkey _____ up a _____

Do you know the girl?

- Do you know the tall girl? [형용사로 수식]
  키 큰

- Do you know the singing girl? [현재분사로 수식]
  노래하는 [노래하고 있는]

- Do you know the girl to help you ? [to 부정사로 수식]
  너를 도와 줄

- Do you know the girl singing in the hall ? [현재분사로 수식]
  홀에서 노래하는

- Do you know the girl shocked by the news ? [과거분사로 수식]
  그 소식에 충격을 받은

- Do you know the little girl watching TV ? [형용사와 현재분사로 수식]
  어린   TV를 보고 있는

- Do you know the girl next to Paul ? [전치사구로 수식]
  폴 옆에 있는

Quick Check ❷ 형용사 역할을 하는 여러 가지 수식어를 완성하세요.

1 그 낡은 전화기   ➡ the _____ phone

2 마루 위의 하얀색 전화기   ➡ the _____ phone _____ the _____

3 내일 사려는 전화기   ➡ the phone to _____ tomorrow

4 울리고 있는 전화기 (ring)   ➡ the _____ phone

5 잃어버린 전화기 (lose)   ➡ the _____ phone

6 수업 동안 울리고 있는 전화기   ➡ the phone _____ _____ class

7 집에서 사용되는 전화기   ➡ the phone _____ _____ home

8 자는 아기 옆의 전화기   ➡ the phone _____ _____ the _____ baby

1 **The girl is my sister.** 그 소녀는 내 여동생이다.

❶ 잠자고 있는 소녀는 내 여동생이다.

➡ _____

❷ 소파에서 잠자고 있는 소녀는 내 여동생이다. (sofa)

➡ _____

❸ 노란 가방을 가지고 있는 키 작은 소녀는 내 여동생이다.

➡ _____

2 **There are some problems.** 문제가 좀 있다.

❶ 어려운 문제가 좀 있다. (difficult)

➡ _____

❷ 풀어야 할 문제가 좀 있다. (solve)

➡ _____

❸ 그 과학자에 의해 소개된 어려운 문제가 좀 있다. (introduce, by)

➡ _____

3 **The child is six years old.** 그 아이는 여섯 살이다.

❶ 울고 있는 아이는 여섯 살이다.

➡ _____

❷ 길에서 울고 있는 아이는 여섯 살이다. (street)

➡ _____

❸ 난로 옆에 앉아 지루해하는 아이는 여섯 살이다. (bore, by the fire)

➡ _____

4   <mark>The teacher is an American.</mark>   그 선생님은 미국인이다.

❶ <mark>미소를 짓고 있는</mark> 선생님은 미국인이다. (smile)

➡ _____

❷ <mark>사고로 다친</mark> 선생님은 미국인이다. (injure, in the accident)

➡ _____

❸ <mark>공원에서 조깅하고 있는 영어</mark> 선생님은 미국인이다. (jog)

➡ _____

5   <mark>The soldiers were marching.</mark>   그 군인들이 행진하고 있었다.

❶ <mark>부상당한</mark> 군인들이 행진하고 있었다.   ▶ wound 부상을 입히다 / wound-wounded-wounded

➡ _____

❷ <mark>전쟁에서 부상당한 용감한</mark> 군인들이 행진하고 있었다. (brave, war)

➡ _____

❸ <mark>무거운 가방들을 든 피곤한</mark> 군인들이 행진하고 있었다. (with, heavy)

➡ _____

6   <mark>The reporter visited our school.</mark>   그 기자는 우리 학교를 방문했다.

❶ 그 <mark>유명한</mark> 기자가 우리 학교를 방문했다. (famous)

➡ _____

❷ <mark>너를 인터뷰할</mark> 기자가 우리 학교를 방문했다. (interview)

➡ _____

❸ <mark>저쪽에 서 있는 키 큰</mark> 기자가 우리 학교를 방문했다. (over there)

➡ _____

1　**I like the girl.**　나는 그 소녀를 좋아한다.

❶ 나는 춤추고 있는 소녀를 좋아한다.

→ _____

❷ 나는 밖에서 기다리고 있는 소녀를 좋아한다. (outside)

→ _____

❸ 나는 밝은 미소를 가진 소녀를 좋아한다. (a big smile)

→ _____

2　**I need someone.**　나는 누군가 필요하다.

❶ 나는 재미있는 사람이 필요하다. (interesting)

→ _____

❷ 나는 나를 도와 줄 사람이 필요하다.

→ _____

❸ 나는 그 학교 근처에 사는 사람이 필요하다. (live, near)

→ _____

3　**He found nothing.**　그는 아무것도 못 찾았다.

❶ 그는 잘못된 것을 아무것도 못 찾았다. (wrong)

→ _____

❷ 그는 먹을 것을 아무것도 못 찾았다.

→ _____

❸ 그는 그녀에게 말해 줄 아무것도 찾지 못했다. (tell)

→ _____

4 I have some reasons. 나는 몇 가지 이유가 있다.

❶ 나는 몇 가지 중요한 이유가 있다.

➡ _____

❷ 나는 그를 만날 몇 가지 이유가 있다.

➡ _____

❸ 나는 그 비밀을 지킬 몇 가지 이유가 있다. (keep)

➡ _____

5 He has no friends. 그는 친구가 없다.

❶ 그는 말할 친구가 없다. (talk)

➡ _____

❷ 그는 그를 지지해 줄 친구가 없다. (support)

➡ _____

❸ 그는 같이 놀 친구가 없다.

➡ _____

6 I am drawing the sun. 나는 태양을 그리고 있다.

❶ 나는 떠오르는 태양을 그리고 있다. (rise)

➡ _____

❷ 나는 언덕 위로 떠오르는 태양을 그리고 있다. (over, hill)

➡ _____

❸ 나는 하늘에 머물고 있는 태양을 그리고 있다. (stay)

➡ _____

Practice ❸ 보어 자리의 명사 수식하기

1 **He was the first man.** 그는 최초의 사람이었다.

❶ 그는 달을 방문한 최초의 사람이었다.

➔ _____

❷ 그는 그 산을 오른 최초의 사람이었다. (climb, mountain)

➔ _____

❸ 그는 세계 일주를 한 최초의 사람이었다. (travel, around)

➔ _____

2 **Who is the boy?** 그 소년은 누구니?

❶ 방에서 소리치고 있는 소년은 누구니? (shout)

➔ _____

❷ 마이크(Mike)와 야구를 하고 있는 소년은 누구니?

➔ _____

❸ TV에서 보도된 소년은 누구니? (report)

➔ _____

3 **This is the window.** 이것이 그 창문이다.

❶ 이것이 어제 깨진 창문이다.

➔ _____

❷ 이것이 지금 당장 고쳐야 하는 창문이다. (fix, right now)

➔ _____

❸ 이것이 내 남동생이 닦은 깨끗한 창문이다. (wipe)

➔ _____

PART 7

부사 역할의 수식어

1. 부사 역할을 하는 전치사구

1 전치사구는 전치사 뒤에 명사나 대명사, 동명사가 쓰인 형태를 말해요. 전치사구는 문장에서 형용사나 부사 역할을 합니다. 이번에는 전치사구가 부사 역할을 하여 문장을 수식하는 경우에 대해 살펴봅시다.

전치사 + 명사	I will wait **at home**. 집에서 He is lying **under the big tree**. 큰 나무 아래에
전치사 + 대명사	Can you go **with me**? 나와 함께 She finished it **for herself**. 그녀 스스로
전치사 + 동명사	Thank you **for calling me**. 내게 전화해 준 데에 He left **without saying goodbye**. 작별인사 없이

2 한 문장에 전치사구나 부사구가 여러 개 쓰일 때는 다음과 같은 순서로 배열해요. 이러한 수식어들은 주어+동사+목적어/보어 뒤에 붙입니다.

좁은 장소 + 큰 장소

at the hotel **in** Seoul
on the street **in** the city
to the park **in** Paris
at the church **on** the hill
in the box **under** the table

짧은 시간 + 긴 시간

at seven **in** the morning
on May 12, 2012
for three days last week
every Friday **in** Spring
at eleven tomorrow

장소 + 시간

at school last year
home **after** school
to the park every weekend
in China **since** May
to Paris **on** Saturday

장소 + 방법 + 시간

to Busan **by** train tomorrow
to her **on** the phone **for** an hour
at the park **with** my sister **on** Friday
here **by** plane yesterday
to school **on** foot **in** the morning

▶ 방법을 나타내는 표현이 두 개 이상일 때는 '부사 + 전치사구' 순서로 써요.
　hard **with** friends (친구들과 열심히)　quickly **by** bike (자전거로 재빨리)　beautifully **to** the music (음악에 맞춰 아름답게)

130

다음 주어진 단어들을 알맞은 순서로 배열하세요.

1 every morning / early → _____

2 in winter / with my family → _____

3 on foot / every day / to school → _____

4 last night / late → _____

5 in London / to the museum → _____

6 every day / in the library / with friends

→ _____

7 in the morning / at seven / by subway

→ _____

8 for three days / last week / in Seoul

→ _____

B 다음 우리말을 영어로 쓰세요.

1 오후에 도서관으로 → _____

2 내일 기차를 타고 → _____

3 그의 형제들과 행복하게 → _____

4 그에게 전화로 → _____

5 방과 후 집으로 → _____

6 3월 첫 번째 월요일에 → _____

7 중국에 있는 한 공장에서 → _____

8 뉴욕에서 내일 5시에 (New York) → _____

2. 부사 역할을 하는 to 부정사 Ⅰ

to 부정사는 부사와 같은 역할을 할 수 있습니다. 즉, 동사, 형용사, 부사를 수식할 수 있어요. to 부정사가 부사 역할을 하면서 갖게 되는 다양한 의미들을 하나씩 살펴봅시다.

'~하기 위해서'라는 목적을 나타내요

I came here **to see you**. 너를 만나기 위해

I bought a ticket **to ride the train**. 기차를 타기 위해

I need a key **to open the door**. 문을 열기 위해

We study hard **to pass the exam**. 시험에 합격하기 위해

'~해서, ~하기 때문에'라는 감정의 원인을 나타내요

I'm glad **to see you**. 너를 만나서

I was happy **to get[catch] the train**. 기차를 타게 되어

He was happy **to receive the letter**. 편지를 받게 되어서

We felt pleased **to pass the exam**. 시험에 합격하게 되어

주어진 동사를 이용하여 목적을 나타내는 표현을 완성하세요.

| lose | catch | please | win | help | pass | join | make |

1 I came _____ .
그 대회에 참가하기 위해

2 He exercises _____ .
살을 빼기 위해

3 She danced _____ .
우리를 기쁘게 하기 위해

4 He works _____ .
돈을 벌기 위해

5 They'll go _____ .
다른 이들을 돕기 위해

6 I study hard _____ .
그 시험에 합격하기 위해

7 We ran _____ .
버스를 타기 위해

8 I raced _____ .
1등을 하기 위해

▶ contest 대회, 시합 / lose weight 살을 빼다 / make[earn] money 돈을 벌다 / other 타인, 다른 사람 / first place 1등

 주어진 동사를 이용하여 감정의 원인을 나타내는 표현을 완성하세요.

| solve | hear | fail | return | win | sing | meet | see |

1 I'm surprised _____ .
그 소식을 듣게 되어서

2 I'm pleased _____ .
너를 다시 만나게 되어서

3 She feels proud _____ .
그 경기에 이기게 되어서

4 We're happy _____ .
그 문제를 풀게 되어서

5 He is sad _____ .
그 시험에 실패하게 되어서

6 We're happy _____ .
그 무대에서 노래하게 되어서

7 I'm excited _____ .
집에 돌아가게 되어서

8 He is shocked _____ .
그녀를 보게 되어서

3. 부사 역할을 하는 to 부정사 Ⅱ

to 부정사가 부사 역할을 할 때 다음과 같은 의미도 가지게 됩니다.

'~하는 데, ~하기에'란 뜻으로 형용사나 부사를 수식해요

This pen is good **to use**.
사용하기에

Math is hard **to learn**.
배우기에

The song is easy **to sing**.
노래 부르기에

This sofa feels comfortable **to sit on**.
앉기에

to 부정사 앞에 must(~임에 틀림없다), cannot(~일 리가 없다)의 판단을 나타내는 조동사가 나오면 '~하다니, ~을 보니'라는 의미로 해석해요.

'~하다니, ~을 보니'란 뜻으로 판단의 근거를 나타내요

He must be a fool **to say so**.
그렇게 말하다니

He cannot be a fool **to solve the problem**.
그 문제를 푸는 걸 보니

to 부정사는 문장의 어느 위치에 쓰이냐에 따라 그 역할이 달라져요. to 부정사는 명사, 형용사, 부사처럼 다양하게 쓰이기 때문에 그 역할이 하나로 정해져 있지 않다고 해서 '부정(不定)사'라고 해요. to 부정사의 정확한 뜻은 문장 안에서 다른 단어와의 관계를 통해 이해해야 해요.

to see
[주어 역할] **To see** is to believe. 보는 것이 [명사적 용법]
[목적어 역할] I want **to see** you. 보기를 [명사적 용법]
[명사 수식] I need something **to see**. 볼 [형용사적 용법]
[동사 수식] He came **to see** you. 보기 위해 [부사적 용법]
[형용사 수식] He was happy **to see** you. 보게 되어 [부사적 용법]

PRACTICE

A 우리말에 맞춰서 형용사나 부사를 수식하는 표현을 쓰세요.

1 fast _____
잡기에 빠른

2 early _____
일어나기에 이른

3 difficult _____
읽기에 어려운

4 heavy _____
옮기기에 무거운

5 hard _____
합격하기에 어려운

6 soft _____
만지기에 부드러운

B 우리말에 맞춰서 판단의 근거를 나타내는 표현을 완성하세요.

1 He must be glad _____.
그 경기를 보게 되어서

2 You must be foolish _____.
그것을 믿다니

3 She must be lucky _____.
그 표를 얻다니

4 He cannot be smart _____.
그것을 모두 잊어버리다니

C 다음 밑줄 친 to 부정사의 뜻을 파악하여 괄호 안에 쓰세요.

1 I'm sorry to hear the news. ( )

2 That boy is hard to please. ( )

3 He must be surprised to cry loudly. ( )

4 My friend went to Paris to study art. ( )

5 I had no time to watch TV. ( )

6 The man decided to ask for help. ( )

7 They found a house to live in. ( )

4. 부사 역할을 하는 to 부정사 Ⅲ

1 '충분히'라는 뜻의 부사 enough는 자주 to 부정사와 함께 쓰입니다. 그런 경우에는 to 부정사가 enough를 수식하여 '~할 만큼 충분히 …하다'라고 해석해요.

주어 + 동사 + 형용사 보어 / 부사 + enough 충분히 + to do ~할 만큼

My sister is strong enough to lift this box.
내 여동생은 이 상자를 들 만큼 충분히 힘이 세다.

The man is rich enough to buy the car.
그 남자는 그 차를 살 만큼 충분히 부유하다.

David ran fast enough to catch the bus.
데이비드는 그 버스를 잡을 만큼 빨리 달렸다.

2 '너무'라는 뜻의 부사 too도 자주 to 부정사와 함께 쓰여요. 그런 경우 '~하기에 너무 … 하다', '너무 ~해서 …할 수 없다'라고 해석할 수 있어요.

주어 + 동사 + too 너무 + 형용사 보어 / 부사 + to do ~하기에

My sister is too weak to lift this box.
내 여동생은 이 상자를 들기에 너무 힘이 약하다.
내 여동생은 너무 힘이 약해서 이 상자를 들 수 없다.

The man was too poor to buy some bread.
그 남자는 빵을 사기에 너무 가난했다.
그 남자는 너무 가난해서 빵을 살 수가 없었다.

He ate too much to eat more.
그는 더 많이 먹기에 너무 많이 먹었다.
그는 너무 많이 먹어서 더 먹을 수가 없었다.

Plus too ~ to do는 'so+형용사/부사+that+주어+can't[couldn't]+동사' 구조로 바꿔 쓸 수 있어요.

She is **so** weak **that** she **can't** lift this box.

The man was **so** poor **that** he **couldn't** buy some bread.

A 다음 우리말을 enough ~ to 부정사를 이용하여 알맞은 영어 표현으로 완성하세요.

1 학교에 갈 만큼 나이 든 ➡ _____ _____ to _____ to school

2 들릴 만큼 충분히 (소리가) 큰 ➡ _____ to _____

3 수영하러 가기에 충분히 따뜻한 ➡ _____ to swimming

4 그 경기에 이길 만큼 잘 ➡ _____ to the game

5 사실을 말할 만큼 정직한 ➡ _____ to the truth

6 이 문제를 풀 만큼 영리한 ➡ _____ to this problem

B 다음 우리말을 too ~ to 부정사를 이용하여 알맞은 영어 표현으로 완성하세요.

1 그 소년은 학교에 가기에 너무 어리다. (= 너무 어려서 갈 수 없다.)

➡ He is _____ to school.

2 더 먹기에는 너무 배불러요. (= 너무 배불러서 더 먹을 수 없다.)

➡ I'm _____ more.

3 지금 너를 돕기에는 내가 너무 바빠. (= 너무 바빠서 도울 수 없다.)

➡ I'm _____ you now.

4 그녀는 걸어서 집에 가기에 너무 피곤했다. (= 너무 피곤해서 걸을 수 없었다.)

➡ She was _____ home.

5 저녁을 먹기에는 너무 늦은 시간이다. (= 너무 늦어서 저녁을 먹을 수 없다.)

➡ It is _____ dinner.

6 그는 이해하기에는 너무 빨리 말한다. (= 너무 빨리 말해 이해할 수 없다.)

➡ He speaks _____ .

힌트

fast, busy, full, young, late, tired

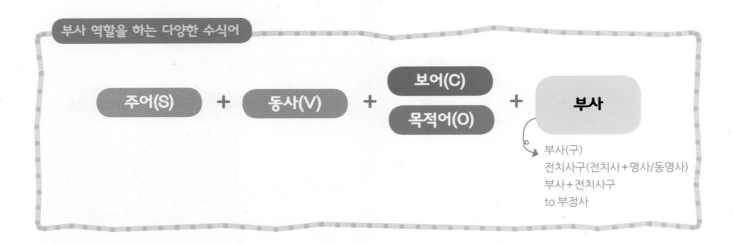

부사 역할을 하는 다양한 수식어

주어(S) **+** 동사(V) **+** 보어(C) / 목적어(O) **+** 부사

부사(구)
전치사구(전치사+명사/동명사)
부사+전치사구
to 부정사

She went.

- She went **to bed at ten** . [장소+시간의 전치사구로 수식]
  10시에 침실로 (자러)

- She went **to Canada in May last year** . [장소+짧은 시간+긴 시간의 전치사구로 수식]
  작년 5월에 캐나다로

- She went **to Moscow by plane yesterday** . [장소+방법+시간의 전치사구로 수식]
  어제 비행기로 모스크바에

- She went **there to meet her sister** . [장소 부사+목적의 to 부정사구로 수식]
  언니를 만나러 거기에

The problem is easy.

- The problem is easy **to solve** . [to 부정사로 형용사 수식]
  풀기에 쉬운

- The problem is **too** easy **to solve** . [부사와 to 부정사로 형용사 수식]
  풀기에 너무 쉬운

- The problem is easy **enough to solve** . [to 부정사는 enough를, enough는 형용사 수식]
  풀기에 충분히 쉬운

Jane is surprised.

- Jane is surprised **to see a snake** . [to 부정사로 형용사 수식]
  뱀을 보게 되어

- Jane must be surprised **to do such a thing** . [to 부정사로 동사 수식]
  그런 일을 하다니

- Jane is **too** surprised **to say anything** . [부사와 to 부정사로 형용사 수식]
  아무 말을 하기엔 너무 놀란 / 너무 놀라서 아무 말도 못하는

Quick Check   부사 역할을 하는 여러 가지 수식어를 완성하세요.

1	아침에 학교로	⟶ _____ school _____ the morning
2	8월에 미국에서	⟶ _____ America _____ August
3	내년 6월에	⟶ _____ June _____ year
4	조심스럽게 바닥에	⟶ carefully _____ the floor
5	어제 시내에서 내 친구들과	⟶ in town _____ my friends _____
6	점심을 먹기 위해 그 식당까지	⟶ _____ the restaurant _____ have lunch
7	부엌에서 물을 마시기 위해	⟶ _____ the kitchen _____ drink water
8	널 만나러 지하철을 타고 여기에	⟶ here _____ subway _____ meet you
9	그 소식을 듣게 되어 기쁜	⟶ pleased _____ _____ the news
10	그 장면을 보게 되어 슬픈	⟶ sad _____ _____ the scene
11	배우기에 어려운	⟶ difficult _____ _____
12	따라하기에 쉬운	⟶ _____ _____ follow
13	이 자전거를 탈 만큼 키가 큰	⟶ _____ enough _____ _____ this bike
14	야구를 하기에 너무 어린	⟶ _____ young _____ _____ baseball
15	공부하기에 너무 시끄러운	⟶ _____ noisy _____ study
16	학교에 갈 만큼 충분히 나이 든	⟶ _____ _____ to go to school

다양한 부사구로 수식하기

1 **I study.** 나는 공부한다.

❶ 나는 내 방에서 매일 저녁 공부한다. (evening) ▶ every뒤에는 단수 명사가 와요.

➡ _____

❷ 나는 그 시험에 합격하기 위해 공부한다. (pass, exam)

➡ _____

❸ 나는 변호사가 되기 위해 열심히 공부한다. (lawyer)

➡ _____

2 **We arrived.** 우리는 도착했다.

❶ 우리는 지난주에 중국에 도착했다. (China) ▶ arrive in + 넓은 장소 / at + 좁은 장소

➡ _____

❷ 우리는 그 대회에 참가하기 위해 5시에 도착했다. (join, contest)

➡ _____

❸ 우리는 시장을 만나기 위해 시청에 도착했다. (city hall, mayor) ▶ 관직·신분을 나타내는 명사 앞에는 관사를 쓰지 않아요.

➡ _____

3 **I was swimming.** 나는 수영을 하고 있었다.

❶ 나는 그때 강에서 수영을 하고 있었다. (at that time)

➡ _____

❷ 나는 어제 3시에 수영장에서 수영을 하고 있었다. (pool) ▶ '장소 + 짧은 시간 + 긴 시간'의 순서로 써요.

➡ _____

❸ 나는 살을 빼기 위해 수영을 하고 있었다. (lose, weight)

➡ _____

4　**He ran.**　그는 달렸다.

❶ 그는 내 뒤를 쫓아 빨리 달렸다. (after me)

➡ _____

❷ 그는 버스를 타기 위해 열심히 달렸다. (hard, catch)

➡ _____

❸ 그는 우리를 따라 잡을 만큼 (충분히) 빨리 달렸다. ▶ catch up with ~를 따라 잡다

➡ _____

5　**The man lives.**　그 남자는 산다.

❶ 그 남자는 그의 가족과 시골에서 산다. (country) ▶ '장소 + 방법'의 순서로 써요.

➡ _____

❷ 그 남자는 다른 이들을 돕기 위해 여기 산다. (others)

➡ _____

❸ 그 남자는 방문하기에 너무 멀리 산다. (= 너무 멀리 살아서 방문할 수가 없다)
▶ too ~ to … 너무 ~해서 …할 수 없다 / far 멀리

➡ _____

6　**I got up.**　나는 일어났다.

❶ 나는 오늘 아침 6시에 일어났다. ▶ '짧은 시간 + 긴 시간'의 순서로 써요.

➡ _____

❷ 나는 첫 기차를 타기 위해 일찍 일어났다. (catch) ▶ 서수(first, second…) 앞에는 the를 써야 해요.

➡ _____

❸ 나는 너무 늦게 일어나서 그 경기를 볼 수 없었다.

➡ _____

7 **My brothers were disappointed.** 나의 남동생들은 실망했다.

❶ 나의 남동생들은 지난주 아침에 실망했다. ▶ '짧은 시간 + 긴 시간'의 순서로 써요.

➡ _____

❷ 나의 남동생들은 그 시합에 져서 실망했다. (game)

➡ _____

❸ 나의 남동생들은 너무 실망해서 아무 말도 할 수 없었다. (anything)

➡ _____

8 **This book is difficult.** 이 책은 어렵다.

❶ 이 책은 이해하기에 어렵다. (understand)

➡ _____

❷ 이 책은 우리나라에서 구하기 어렵다. (get, country)

➡ _____

❸ 이 책은 너무 어려워서 읽을 수가 없다.

➡ _____

9 **This machine is dangerous.** 이 기계는 위험하다.

❶ 이 기계는 사용하기에 위험하다.

➡ _____

❷ 이 기계는 그 공장으로 옮기기에 위험하다. (move, factory)

➡ _____

❸ 이 기계는 너무 위험해서 사용할 수가 없다.

➡ _____

10 The child is old. 그 아이는 나이가 들었다.

❶ 그 아이는 이 장난감을 가지고 놀기에 나이가 들었다. (play with)

➡ _____

❷ 그 아이는 학교에 갈 만큼 나이가 들었다. (enough)

➡ _____

❸ 그 아이는 너무 나이가 들어 이 코트를 입을 수가 없다. (coat)

➡ _____

11 I bought a notebook. 나는 공책을 샀다.

❶ 나는 어제 그 가게에서 공책을 샀다.

➡ _____

❷ 나는 네게 주기 위해 공책을 샀다.

➡ _____

❸ 나는 (글을) 쓸 공책을 샀다. ▶ 쓰다 write with (a pen) / write on (a notebook)

➡ _____

12 I need the key. 나는 그 열쇠가 필요하다.

❶ 나는 내일 아침 일찍 열쇠가 필요하다.

➡ _____

❷ 나는 그 문을 열기 위해 열쇠가 필요하다.

➡ _____

❸ 나는 오늘 밤 그 집에 들어가기 위해 열쇠가 필요하다. (enter)

➡ _____

13 He is learning English. 그는 영어를 배우고 있다.

❶ 그는 친구들과 열심히 영어를 배우고 있다. (hard) ▶ 방법을 나타내는 표현이 두 개 이상일 때는 '부사 + 전치사구' 순서로 써요.

→ _____

❷ 그는 외국 여행을 하기 위해 영어를 배우고 있다. (travel, abroad)

→ _____

❸ 그는 그 시험에 충분히 합격할 만큼 열심히 영어를 배우고 있다. (test)

→ _____

14 They read books. 그들은 책을 읽는다.

❶ 그들은 매일 아침 10분 동안 교실에서 책을 읽는다.

→ _____

❷ 그들은 독서 습관을 기르기 위해 매일 책을 읽는다. (build, reading habits)

→ _____

❸ 그들은 책을 너무 빨리 읽어서 잘 이해하지 못한다. (fast, understand)

→ _____

15 Bill spent all his money. 빌은 돈을 다 썼다.

❶ 빌은 지난 금요일에 쇼핑몰에서 돈을 다 썼다. (shopping mall) ▶ '장소 + 시간'의 순서로 써요.

→ _____

❷ 빌은 선물을 사기 위해 돈을 다 썼다. (present)

→ _____

❸ 빌은 어젯밤 신곡들을 다운받기 위해 돈을 다 썼다. (download)

→ _____

[1-2] 다음 주어진 단어를 사용하여 명사를 수식하는 문장으로 바꾸시오.

1

There are some problems. (solve)

→ _____

2

Do you know the girl? (sing)

→ _____

3 다음 주어진 단어를 사용하여 우리말을 영어로 바꾸시오.

잠자고 있는 소녀는 내 여동생이다. (sleep)

→ _____

4 다음 각 문장에서 어법상 틀린 부분을 찾아 바르게 고쳐 쓰시오.

1) We need a chair to sit.
2) I need a pen to write.

1) _____
2) _____

5 주어진 단어를 이용하여 명사를 수식하는 문장으로 바꾸시오.

I like the girl. (wait, outside)

→ _____

[6-7] 다음 주어진 단어를 알맞게 배열하여 문장을 완성하시오.

6

Did you meet (people, famous, any)?

→ _____

7

I've got (written, an, English, email, in)

→ _____

8 다음 빈칸에 들어갈 전치사를 쓰시오.

1) Do you know the girl _____ long hair?
2) What is your answer _____ my question?

1) _____
2) _____

9 주어진 단어에 알맞은 전치사를 추가하여 문장을 완성하시오.

1) He stayed (Seoul, the hotel).
2) She called me (seven, the morning).

1) _____
2) _____

10 밑줄 친 우리말에 해당하는 영어 표현을 쓰시오.

1) 나는 <u>너를 만나기 위해서</u> 왔다.

　　→ I came _____.

2) 수학은 <u>배우기에</u> 어렵다.

　　→ Math is hard _____.

11 다음 우리말에 맞게 주어진 단어를 바르게 배열하시오.

> 그는 그 버스를 잡을 만큼 빨리 달렸다.
> (catch, to, fast, bus, the, enough)

　　→ He ran _____.

12 보기에서 알맞은 것을 골라 빈칸을 완성하시오.
(필요한 경우 단어의 형태를 바꾸시오.)

　　보기 · eat more
　　　　 · win the game

1) He is smart enough _____.

2) He ate too much _____.

13 밑줄 친 부분에 유의하며 문장을 해석하시오.

1) I'm sorry <u>to hear</u> the news.

　　→ _____

2) I had no time <u>to watch</u> TV.

　　→ _____

14 다음 그림을 보고 주어진 단어를 바르게 배열하시오.

> watched, night, late, last, TV, He

→ _____

15 우리말에 맞게 주어진 단어를 바르게 배열하시오.

> 너는 그것을 믿다니 바보가 틀림없다.
> (believe, foolish, to, be, must, You, it)

→ _____

16 다음 그림과 일치하도록 보기에서 알맞은 단어를 골라 문장을 완성하시오.

　　보기 cold hot easy read eat watch

→ The soup is too _____ to _____.

PART **8**

비교 표현

1. 원급, 비교급, 최상급

1 형용사나 부사도 동사처럼 세 가지 모양으로 바뀔 수 있어요. 다음과 같이 둘 이상의 사람이나 사물을 비교할 때는 '비교급'을, 셋 이상을 비교할 때는 '최상급'을 써요.

원급: ~한/~하게	비교급: 더 ~한/~하게	최상급: 가장 ~한/~하게
tall	taller	the tallest

big	bigger	the biggest

• 비교급: 형용사/부사 + -er   • 최상급: (the) + 형용사/부사 + -est

> 형용사의 최상급에는 the가 붙어요.

2 보통 -er과 -est를 붙여서 비교급, 최상급을 표현합니다. 하지만 일부 2음절 단어와 3음절 이상의 단어에는 more 또는 most를 붙여요.

원급: ~한/~하게	비교급: 더 ~한/~하게	최상급: 가장 ~한/~하게
difficult	more difficult	the most difficult

beautiful	more beautiful	the most beautiful

• 비교급: more + 형용사/부사   • 최상급: (the) most + 형용사/부사

다음 주어진 공식대로 비교급과 최상급을 만들어 보세요.

 대부분의 경우: 형용사/부사 + -er, -est   tall + er → taller

1 cold _____ - the _____
추운, 차가운

2 deep _____ - the _____
깊은

3 long _____ - the _____
긴

4 short _____ - the _____
짧은

5 old _____ - the _____
나이 든, 오래된

6 young _____ - the _____
어린, 젊은

7 small _____ - the _____
작은

8 strong _____ - the _____
힘센, 강한

9 dark _____ - the _____
어두운

10 clean _____ - the _____
깨끗한

11 warm _____ - the _____
따뜻한

12 sweet _____ - the _____
단, 달콤한

13 fast _____ - the _____
빠른, 빠르게

14 slow _____ - the _____
느린

15 cheap _____ - the _____
값이 싼

16 hard _____ - the _____
단단한, 열심히

17 high _____ - the _____
높은, 높이

18 soon _____ - the _____
곧

▶ 형용사 최상급은 대개 the와 함께 써요. 형용사나 부사 둘 다로 쓰이는 단어일 경우에는 문장에서의 역할에 따라 the를 쓸지 말지 결정해요.

B -e로 끝나는 단어: 형용사 + -r, -st　　fin ⓔ : fine+r → finer

1 large - _____ - the _____
　큰

2 nice - _____ - the _____
　멋진, 좋은

3 safe - _____ - the _____
　안전한

4 wise - _____ - the _____
　현명한

C -y로 끝나는 단어: y를 i로 고치고 -er, -est　　ugl ⓨ : ugli+est → ugliest

1 easy - _____ - the _____
　쉬운

2 early - _____ - the _____
　이른, 일찍

3 dry - _____ - the _____
　마른, 건조한

4 happy - _____ - the _____
　행복한, 기쁜

5 heavy - _____ - the _____
　무거운

6 lazy - _____ - the _____
　게으른

7 pretty - _____ - the _____
　예쁜

8 noisy - _____ - the _____
　시끄러운

▶ 모음+y로 끝나는 경우에는 그냥 -er, -est를 붙여요.

D 단모음＋단자음으로 끝나는 단어: 끝의 자음을 한 번 더 쓰고 -er, -est　　th ⓘ ⓝ : thin+ner → thinner

1 big - _____ - the _____
　큰

2 hot - _____ - the _____
　더운, 뜨거운

E 불규칙 변화

1 _____ - better - the best
　좋은

2 _____ - better - _____
　잘

3 _____ - _____ - the most
　많은

4 _____ - less - the _____
　적은

5 _____ - worse - the worst
　나쁜

6 _____ - worse - the _____
　아픈, 병든

규칙 변화: more ~, most ~

1 **careful**   –   –
    조심하는, 주의 깊은

2 **beautiful**   –   –
    아름다운

3 **important**   –   –
    중요한

4 **polite**   –   –
    공손한, 예의바른

5 **expensive**   –   –
    비싼

6 **famous**   –   –
    유명한

7 **popular**   –   –
    인기있는

8 **exciting**   –   –
    신나는

9 **comfortable**   –   –
    편안한

10 **handsome**   –   –
    잘생긴

11 **interesting**   –   –
    흥미로운

12 **difficult**   –   –
    어려운

2. 원급을 이용한 비교

1 형용사나 부사의 원급을 이용해서 '~만큼 …한/…하게', '~처럼 …한/…하게'와 같은 비교 표현을 나타낼 수 있어요. 이때 전치사 as를 이용합니다.

원급 비교

Your hands are <u>cold</u>.

Your hands are **as** <u>cold</u> **as** ice. 너의 손은 얼음처럼 차갑다.

My brother is <u>busy</u>.

My brother is **as** <u>busy</u> **as** a bee. 우리 형은 벌처럼 바쁘다.

I can't run <u>fast</u>.

I can't run **as** <u>fast</u> **as** you. 나는 너만큼 빨리 달릴 수 없다.

Plus 'as+형용사+as+명사' 형태로 비유적으로 자주 쓰이는 재미있는 표현들이 있어요.

as light **as** a feather 깃털처럼 가벼운
as free **as** a bird 새처럼 자유로운
as hard **as** a rock 바위처럼 단단한

2 as 뒤에 비교 대상을 쓰는 대신 possible이라는 부사를 자주 쓰곤 해요. '가능한 ~하게' 라는 뜻이에요.

Come **as** <u>quickly</u> **as possible**. 가능한 빨리 와라.

Use English **as** <u>often</u> **as possible**. 가능한 자주 영어를 써라.

I'll finish it **as** <u>soon</u> **as possible**. 되도록 빨리 마칠게.

He got up **as** <u>early</u> **as possible**. 그는 되도록 일찍 일어났다.

A 다음 주어진 단어를 이용하여 비유적인 표현을 쓰세요.

> a bee a cucumber a rock honey the hills a lion snow pie

1 as _____ as _____
벌처럼 바쁜

2 as _____ as _____
사자처럼 용감한

3 as _____ as _____
바위처럼 단단한

4 as _____ as _____
오이처럼 침착한, 차분한 [대단히 침착한]

5 as _____ as _____
꿀처럼 달콤한

6 as _____ as _____
언덕처럼 오래된(매우 오래된)

7 as _____ as _____
눈처럼 하얀

8 as _____ as _____
파이처럼 쉬운

B 다음 주어진 우리말을 as ~ as를 이용하여 영어로 쓰세요.

1 나만큼 빠른 ➔ _____

2 그녀만큼 영리한 ➔ _____

3 우리만큼 긴장한 ➔ _____

4 그것들만큼 재미있는 ➔ _____

C 다음 주어진 단어를 이용하여 우리말을 영어로 쓰세요.

> soon well much high early long

1 as _____ as _____
가능한 잘

2 as _____ as _____
가능한 일찍

3 as _____ as _____
가능한 오래

4 as _____ as _____
가능한 높이

5 as _____ as _____
가능한 많이

6 as _____ as _____
가능한 빨리

3. 비교급을 이용한 비교

형용사나 부사의 비교급을 이용해서 비교하는 문장을 만들 수 있어요. 이때 비교 대상 앞에는 than을 씁니다. than은 '~보다'라는 뜻이에요.

비교급 비교

(형용사/부사 + -er / more + 형용사/부사) + than + ((대)명사 / 주어 + 동사)

You look taller.
You look taller **than** last year. 너는 작년보다 키가 더 커 보인다.

I listened more carefully.
I listened more carefully **than** anyone else. 나는 누구보다도 더 주의 깊게 들었다.

This jacket is more comfortable.
This jacket is more comfortable **than** that. 이 재킷이 저 재킷보다 더 편하다.

He worked harder.
He worked harder **than** he did yesterday. 그는 어제 한 것보다 더 열심히 일했다.

I have bigger feet.
I have bigger feet **than** you think. 나는 네가 생각하는 것보다 더 큰 발을 가졌다.

▶ than 뒤에 주어+동사를 쓸 수도 있어요.

다음 우리말을 비교급을 이용하여 알맞은 영어 표현으로 완성하세요.

1 나보다 많이   → _____ me

2 그녀보다 일찍   → _____ her

3 뉴욕보다 더 큰   → _____ New York

4 전보다 더 시끄러운   → _____ before

5 지난번보다 더 나쁜   → _____ last time

6 그녀의 머리보다 더 긴   → _____ her hair

7 한국 드라마보다 더 인기 있는   → _____ Korean dramas

8 이 경기보다 더 흥미로운   → _____ this game

9 그의 차보다 더 비싼   → _____ his car

10 지난 시험보다 더 어려운   → _____ the last exam

 다음 우리말을 비교급을 이용하여 알맞은 영어 표현으로 완성하세요.

1 이 빵은 꿀보다 더 단 맛이 난다.   → This bread tastes _____.

2 이 책은 저것보다 더 흥미롭다.   → This book is _____.

3 이 도시는 로마보다 더 오래 되었다.   → This city is _____.

4 우리는 이것보다 더 멋진 호텔을 찾았다.   → We found _____.

5 그녀는 전보다 더 편안한 기분이 들었다.   → She felt _____.

6 그는 우리가 생각하는 것보다 더 많이 먹는다.   → He eats _____.

▶ Rome 로마 / nice 멋진, 훌륭한 / comfortable 편안한

4. 최상급을 이용한 비교

형용사나 부사의 최상급 표현을 써서 비교할 경우, '~중에서'라는 의미의 비교 대상을 나타낼 때는 of나 in을 이용해요.

최상급 비교

| the 형용사 + -est
the most 형용사 | + | of + 복수 명사
in + 장소나 범위 |

Snow White is <u>the prettiest</u>.

Snow White is <u>the prettiest</u> **of all (girls)**. 백설공주는 모두 중에서 가장 예쁘다.

I want to be <u>the most beautiful</u> woman.

I want to be <u>the most beautiful</u> woman **in the kingdom**.
나는 왕국에서 가장 아름다운 여인이 되고 싶다.

This museum is <u>the best</u>.

This museum is <u>the best</u> **in the world**. 이 박물관이 세계에서 최고다.

| 부사 + -est
most 부사 | + | of + 복수 명사
in + 장소나 범위 |

> 부사의 최상급 앞에는 the 를 쓰지 않아요.

Your brother runs <u>fastest</u>.

Your brother runs <u>fastest</u> **of all the boys**. 네 형은 모든 소년들 중에서 가장 빨리 달린다.

He swims <u>best</u>.

He swims <u>best</u> **in the class**. 그는 학급에서 가장 수영을 잘 한다.

I speak English <u>most fluently</u>.

I speak English <u>most fluently</u> **of my classmates**.
나는 우리 반 아이들 중에서 영어를 가장 유창하게 말한다.

다음 우리말을 최상급을 이용하여 알맞은 영어 표현으로 완성하세요.

1 우리 가족 중에서 가장 키가 큰 ➡ _____ my family

2 우리 중에서 가장 잘하는 ➡ _____ us

3 내 친구들 중에서 가장 바쁜 ➡ _____ my friends

4 세계에서 가장 인기 있는 스포츠 ➡ _____ sport _____ the world

5 이 가게에서 가장 비싼 시계 ➡ _____ watch _____ this store

6 한국에서 가장 부유한 남자 ➡ _____ man _____ Korea

7 일년 중에서 가장 중요한 달 ➡ _____ month _____ the year

B 다음 우리말을 최상급을 이용하여 알맞은 영어 표현으로 완성하세요.

1 나일 강은 세계에서 가장 긴 강이다.

   ➡ The Nile is _____.

2 에베레스트 산은 세계에서 가장 높은 산이다.

   ➡ Mount Everest is _____.

3 그는 내 친구들 중에서 가장 잘 생겼다.

   ➡ He is _____.

4 그 회사는 2010년에 가장 많은 돈을 벌었다.

   ➡ The company earned _____.

5 8월은 일년 중에서 가장 더운 달이다.

   ➡ August is _____.

6 돈이 인생에서 가장 중요한 것은 아니다.

   ➡ Money isn't _____.

원급 비교 : ～만큼 …한 / …하게

- **as** tall **as** my brother 나의 형만큼 키가 큰
- **as** important **as** happiness 행복만큼 중요한
- **as** fast **as** him (=he is) 그만큼 빠른
- **as** expensive **as** yours 네 것만큼 비싼

비교급 비교 : ～보다 더 …한 / …하게

- tall**er** **than** my brother (=my brother is) 나의 형보다 키가 큰
- fast**er** **than** him (=he is) 그보다 더 빠른
- **more** important **than** happiness 행복보다 더 중요한
- **more** nervous **than** you (=you are) 너보다 더 긴장한

최상급 비교 : ～에서 가장 …한 / …하게

- **the** tall**est** boy **of** all 모두 중에서 가장 키가 큰 소년
- **the** fast**est** **in** his class 그의 학급에서 가장 빠른
- **the most** important building **in** Korea 한국에서 가장 중요한 건물
- **the most** expensive watch **of** all 모든 것들 중에서 가장 비싼 시계

He runs fast.

- He runs very fast. [very가 fast를 수식]
  매우 빨리

- He runs as fast as his father . [as ~ as를 이용한 비교]
  그의 아버지만큼 빨리

- He runs as fast as possible .
  가능한 빨리

- He runs much[a lot] faster. [much가 faster를 수식] ◁ much, a lot은 '훨씬'이라는 뜻으로
  훨씬 더 빠르게   비교급 앞에서 수식하는 역할을 해요.

- He runs faster than I thought . [비교급, than을 이용한 비교]
  내가 생각했던 것보다 빨리

- He runs fastest in the class. [최상급, in을 이용한 비교] ◁ 부사의 최상급 앞에는
  학급에서 가장 빨리   the를 쓰지 않아요.

Quick Check 형용사 long과 부사 soon, much를 이용하여 우리말을 영어로 옮기세요.

1	매우 긴 강	➤ a _____ _____ river
2	오랫동안	➤ very _____ time
3	그 벨트보다 더 긴	➤ _____ _____ the belt
4	기린보다 훨씬 더 긴	➤ _____ longer _____ the giraffe
5	세상에서 제일 긴 강	➤ _____ _____ river in the world
6	아주 빨리	➤ _____ soon
7	되도록 곧	➤ as soon _____ _____
8	훨씬 더 빨리	➤ _____ sooner
9	내가 기대했던 것보다 더 빨리	➤ _____ _____ I expected
10	아주 많이	➤ _____ much
11	되도록 많이	➤ _____ much _____ possible
12	열 사람 이상	➤ _____ _____ ten people
13	점점 더 많이	➤ _____ and _____
14	무엇보다도 가장 많이	➤ _____ of all

다양한 비교 표현으로 수식하기

1   I get up early.   나는 일찍 일어난다.

❶ 나는 매우 일찍 일어난다.

➡ _____

❷ 나는 될 수 있는 대로 일찍 일어난다. (possible)

➡ _____

❸ 나는 우리 어머니보다 훨씬 더 일찍 일어난다.

➡ _____

2   The team played well.   그 팀은 잘 했다.
good-better-best 좋은
well-better-best 잘, 건강하여

❶ 그 팀은 매우 잘 했다.

➡ _____

❷ 그 팀은 너희 팀보다 훨씬 더 잘 했다.

➡ _____

❸ 그 팀은 유럽에서 가장 잘 했다. (Europe)

➡ _____

3   The man works hard.   그 남자는 열심히 일한다.

❶ 그 남자는 개미처럼 열심히 일한다. (an ant)

➡ _____

❷ 그 남자는 누구보다 더 열심히 일한다. (anyone else)

➡ _____

❸ 그 남자는 그들 중에서 가장 열심히 일한다.

➡ _____

4 <mark>I don't eat much.</mark>　나는 많이 먹지 않는다.

❶ 나는 <mark>너만큼</mark> 많이 먹지 않는다.

➧ _____

❷ 나는 <mark>너보다 더</mark> 많이 먹지 않는다.

➧ _____

❸ 내가 <mark>우리 반에서 가장</mark> 많이 먹지 않는다.

➧ _____

5 <mark>Jump high.</mark>　높이 뛰어라.

❶ <mark>가능한</mark> 높이 뛰어라.

➧ _____

❷ <mark>나만큼</mark> 높이 뛸 수 있어? (can)

➧ _____

❸ <mark>이 탁자보다 더</mark> 높이 뛸 수 있어?

➧ _____

6 <mark>Today is cold.</mark>　오늘은 춥다.

❶ 오늘은 <mark>어제만큼</mark> 춥다.

➧ _____

❷ 오늘은 <mark>어제보다 훨씬 더</mark> 춥다.

➧ _____

❸ 오늘은 <mark>올해 중 가장</mark> 추운 날이다. (day, this year)

➧ _____

7 **The work is easy.** 그 일은 쉽다.

❶ 그 일은 무척 쉽다.

➔ _____

❷ 그 일은 파이처럼 쉽다(식은 죽 먹기다).

➔ _____

❸ 그 일은 네가 생각하는 것보다 훨씬 더 쉽다.

➔ _____

8 **My brother is tall.** 내 남동생은 키가 크다.

❶ 내 남동생은 나만큼 키가 크다.

➔ _____

❷ 내 남동생이 너보다 더 키가 크다.

➔ _____

❸ 내 남동생은 그의 친구들 중에서 가장 키가 크다.

➔ _____

9 **Your English is good.** 너의 영어는 좋다.

❶ 너의 영어가 훨씬 더 좋다.

➔ _____

❷ 너의 영어가 점점 더 좋아지고 있다. (get)

➔ _____

❸ 너의 영어가 우리 모두 중 가장 좋다. (us all)

➔ _____

10 <mark>This building is old.</mark> 이 건물은 오래되었다.

❶ 이 건물은 <mark>언덕만큼이나</mark> 오래되었다. (the hills)

➡ _____

❷ 이 건물은 <mark>너보다</mark> 오래되었다.

➡ _____

❸ 이 건물은 <mark>이 도시에서 가장</mark> 오래되었다.

➡ _____

11 <mark>I need something.</mark> 나는 뭔가 필요하다. ▶ -thing으로 끝나는 대명사는 형용사가 뒤에서 수식해요.

❶ 나는 <mark>더 흥미로운</mark> 것이 필요하다.

➡ _____

❷ 나는 <mark>더 좋은</mark> 것이 필요하다.

➡ _____

❸ 나는 <mark>더 뜨거운</mark> 것이 필요하다.

➡ _____

12 <mark>I saved money.</mark> 나는 돈을 저축했다.

❶ 나는 <mark>가능한 많은</mark> 돈을 저축했다.

➡ _____

❷ 나는 <mark>계획했던 것보다 더 적은</mark> 돈을 저축했다. (plan) ▶ little-less-least

➡ _____

❸ 나는 <mark>너보다 훨씬 더 많은</mark> 돈을 저축했다. ▶ many / much-more-most

➡ _____

13 I know them well. 나는 그들을 잘 안다.

❶ 나는 그들을 너만큼 잘 안다.

➡ _____

❷ 나는 그들을 너보다 더 잘 안다.

➡ _____

❸ 나는 그들을 가장 잘 안다.

➡ _____

14 The author reads many books. 그 작가는 많은 책을 읽는다.

❶ 그 작가는 가능한 많은 책을 읽는다.

➡ _____

❷ 그 작가는 우리보다 더 많은 책을 읽는다.

➡ _____

❸ 그 작가는 우리 모두 중에서 가장 많은 책을 읽는다. (us all)

➡ _____

15 He watched an exciting game. 그는 흥미진진한 시합을 관람했다.

❶ 그는 매우 흥미진진한 시합을 관람했다. ▶ very가 형용사 앞에 붙을 때 관사의 모양도 바꿔야 해요.

➡ _____

❷ 그는 이전보다 훨씬 더 흥미진진한 시합을 관람했다. (much)

➡ _____

❸ 그는 그의 인생에서 가장 흥미진진한 시합을 관람했다. (life)

➡ _____

PART 9

부사절

1. 두 문장을 연결하는 접속사

1 접속사는 두 문장을 연결시키는 고리 역할을 해요. 그래서 접속사 and, but, so, or 앞 뒤에는 같은 무게를 가진 두 개의 뼈대 문장이 등장합니다.

뼈대 문장   뼈대 문장

(주어 + 동사)   (주어 + 동사)

접속사   and, but, so, or

It stopped raining, **and** the sun was shining.
그리고 해가 빛나고 있었다

It stopped raining, **so** we went out.
그래서 우리는 외출했다

It stopped raining, **but** we stayed at home.
그러나 우리는 집에 머물렀다

Plus   접속사 and, but, or은 문장뿐 아니라 단어나 구를 이어 주는 역할도 해요.

warm and comfortable   nice **but** very expensive
따뜻하고 편안한   멋지지만 매우 비싼

2 그밖에 다음과 같은 접속사들은 두 문장을 연결시키는 동시에 뼈대 문장을 수식하는 부 사절의 역할을 해요. 이때 주어 + 동사의 뼈대 문장이 더 중요해요.

시간	when ~할 때	while ~동안	이유	because ~때문에
	before ~하기 전에	after ~한 후에	조건	if 만약 ~한다면
	since ~한 이후로	until ~할 때까지	양보	though (= although) 비록 ~일지라도

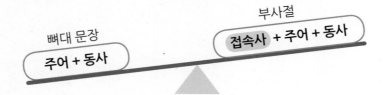

부사절

뼈대 문장

(주어 + 동사)   (접속사 + 주어 + 동사)

It stopped raining **when** we woke up.
우리가 (잠에서) 깼을 때

It stopped raining **after** we arrived at school.
우리가 학교에 도착한 후에

> '절'은 '주어 + 동사'의 형 태를 갖춘 것, '구'는 '주 어 + 동사'의 형태를 갖추 지 않은 것을 가리킵니다.

다음 우리말에 해당하는 접속사를 쓰세요.

1	그리고, ~와	➡ _____	2	그래서 ➡ _____
3	또는	➡ _____	4	그러나 ➡ _____
5	~한 후에	➡ _____	6	~하기 전에 ➡ _____
7	~할 때	➡ _____	8	~하기 때문에 ➡ _____
9	~하는 동안	➡ _____	10	만약 ~한다면 ➡ _____
11	~한 이후로	➡ _____	12	비록 ~일지라도 ➡ _____

 우리말을 영어로 옮기세요.

1	걷거나 버스를 타고	➡ on foot _____ by bus
2	키가 크고 아름다운	➡ tall _____ beautiful
3	그래서 그녀는 오지 않았다	➡ _____ she didn't come
4	그가 부유할지라도	➡ _____ he is rich
5	어두워지기 전에	➡ _____ it gets dark
6	내가 집에 있었을 때	➡ _____ I was at home
7	그녀가 학교에 있는 동안	➡ _____ she is at school
8	나는 너를 사랑하기 때문에	➡ _____ I love you
9	내가 런던으로 이사한 이후로	➡ _____ I moved to London
10	전화가 울릴 때	➡ _____ the phone rings
11	내가 떠나 있는 동안	➡ _____ I'm away
12	그들이 졸업한 이후로	➡ _____ they graduated

2. 시간을 나타내는 부사절

시간을 나타내는 접속사들 중 when, while, before, after에 대해 알아봅시다.

when ~할 때

When I called her, there was no answer.
= There was no answer **when** I called her. 내가 그녀에게 전화했을 때

when이 의문문에 쓰일 때는 '언제'라는 뜻이에요.
When is your birthday?
네 생일이 언제니?

while ~하는 동안

While I am out, be careful of the wolf.
= Be careful of the wolf **while** I am out. 내가 나가 있는 동안

before ~하기 전에

Before you cross the street, look both ways.
= Look both ways **before** you cross the street. 길을 건너기 전에

after ~한 후에

After they came here, we had dinner.
= We had dinner **after** they came here. 그들이 여기 온 후에

- 접속사는 문장 중간이나 맨 앞에 올 수 있어요.
- 접속사가 문장 맨 앞에 올 때는 접속사가 이끄는 부사절 뒤에 쉼표(,)를 넣어요.

Plus 1 when, while, before, after 뒤에는 미래 시제를 쓰지 않고 현재 시제를 써요.

When I finish my school work, I'm going to bed.
학교 과제를 마칠 때 (X When I will finish...)

I'm going to finish this **before** I go to bed.
자러 가기 전에 (X before I will go to...)

Plus 2 before, after가 전치사 역할을 할 때는 뒤에 명사가 나와요.

before the game 경기 전에   **after** school 방과 후에

PRACTICE

A 다음 각 문장에서 시간을 나타내는 부사절에 밑줄을 긋고, 그 부분을 해석하세요.

1 When I went out, it was snowing.   (   )

2 I'll be sad when she leaves.   (   )

3 Can I see you before you go?   (   )

4 Do something before it's too late.   (   )

5 After Mary graduated, she went to America.   (   )

6 Have a seat while you wait.   (   )

B 다음 각 문장에서 동사의 시제를 바르게 고치세요.

1 When you will get back tomorrow, call me.

2 Call me after she will arrive.

3 I'll miss you while you will be on vacation.

4 While he will work abroad, he's going to stay at the hotel.

5 Please close the door before you will go out.

▶ on vacation 휴가로 / abroad 해외에서

C 다음 우리말을 접속사 when, while, before, after를 이용하여 영어로 옮기세요.

1 그들이 그 소식을 들었을 때   ➡ _____ the news

2 네가 피곤할 때   ➡ _____ tired

3 메리(Mary)가 문을 연 후에   ➡ _____ the door

4 내가 잠자리에 들기 전에   ➡ _____ to bed

5 그가 수영을 하고 있는 동안   ➡ _____

3. 시간과 이유를 나타내는 부사절

1 시간을 나타내는 접속사 since(~이후로)가 이끄는 절에는 주로 과거 시제가 나오고, 주절(뼈대 문장)에는 그 이후로 쭉 계속 되었던 일을 표현하는 현재완료 문장이 나와요.

since ~한 이후로

in 2006   in 2016 (now)

since we moved   we have lived here for ten years

We have lived here for ten years since we moved.
(현재 상황)   이사 온 이후로 (과거에 일어난 일)

She has been worrying since the letter arrived.
(현재 상황)   그 편지가 도착한 이후로 (과거에 일어난 일)

> since가 전치사 역할을 할 때는 뒤에 명사가 나와요.
> **since Tuesday**
> (화요일 이후로)
> **since last week**
> (지난주부터)

2 접속사 because(~때문에) 뒤에는 이유를 나타내는 절(주어+동사)이 이어집니다.

because ~ 때문에 [이유]

Because I didn't have lunch, I felt very hungry.
점심을 먹지 않았기 때문에

Jane cried **because** she was sad.
그녀는 슬펐기 때문에

= **Because** Jane was sad, she cried. ▶ 서로 같은 사람이므로 뒤에 나오는 사람은 대명사로 써요.

Plus because of는 '~의 이유로, ~때문에'라는 전치사구로, 그 뒤에 명사를 써요.

I was late **because of** a traffic jam. 교통 체증 때문에

She quit her job **because of** her health. 건강 때문에

PRACTICE

A 다음 각 문장에서 시간과 이유를 나타내는 부사절에 밑줄을 긋고, 그 부분을 해석하세요.

1 Because it was raining, we shut the windows.

(   )

2 He drank water because he was thirsty.

(   )

3 It has been three years since her father died.

(   )

4 They've known each other since they were in kindergarten.

(   )

▶ kindergarten 유치원

B 다음 문장에 알맞은 접속사나 전치사를 고르세요.

1 It's been raining (because of / since) lunchtime.

2 We ate out (because / since) we had no food at home.

3 (Because of / Because) they live near me, I often see them.

4 My uncle has lived in Chicago (because of / since) 1999.

C 다음 우리말을 접속사 since, because를 이용하여 영어로 옮기세요.

1 네가 그녀를 만난 이후로   ➡ _____ her

2 우리는 늦었기 때문에   ➡ _____ late

3 그들이 서울로 이사 온 이후로   ➡ _____ to Seoul

4 나는 어제 버스를 놓쳐서   ➡ _____ the bus yesterday

4. 조건과 양보를 나타내는 부사절

'만약 ~한다면'이란 뜻의 접속사 if 뒤에는 조건을 나타내는 절(주어+동사)이 나오고, '비록 ~이지만, ~일지라도'라는 뜻의 접속사 though 뒤에는 양보를 나타내는 절이 나옵니다. 이들 역시 문장에서 부사절 역할을 해요.

if 만약 ~한다면 [조건]

If you don't hurry, you will miss the bus.
서두르지 않는다면

What should we do **if** it rains?
만약 비가 온다면

though 비록 ~이지만, ~일지라도 [양보]

Though I didn't have lunch, I didn't feel hungry.
점심을 먹지 않았는데도 불구하고

Jane didn't cry **though** she was sad.
그녀는 슬펐지만(슬펐어도)

> though 대신에 even though, although를 쓸 수도 있어요.

Plus 조건을 나타내는 접속사 if 뒤에도 미래 시제를 쓰지 않고 현재 시제를 써요.

Are you going to wait **if** he doesn't come in time?
그가 제시간에 오지 않는다면 (X if he won't come...)

If you are tired, we will go back now.
당신이 피곤하다면 (X If you will be tired...)

접속사 because와 though의 앞뒤 절과의 관계를 비교해 보세요.

Because it was very cold, Mike didn't go out.
아주 추웠기 때문에 [이유 부사절]

Though it was very cold, Mike went out.
아주 추운데도 불구하고 [양보 부사절]

A 다음 각 문장에서 조건이나 양보 부사절에 밑줄을 긋고, 그 부분을 해석하세요.

1 It will take longer if we take the bus.　　　(　　　　　　　　)

2 If I can get the ticket, I'm going to the concert. (　　　　　　　　)

3 We will go on a picnic if it is fine tomorrow.　(　　　　　　　　)

4 Though it was raining, we went out.　　　(　　　　　　　　)

5 I enjoyed the book though the story was silly.　(　　　　　　　　)
   ▶ silly 유치한, 우스꽝스러운, 바보같은

B 다음 괄호 안의 접속사 중 알맞은 것을 고르세요.

1 We can take a bus (if / though) you don't want to walk.

2 (Because / Though) I was very tired, I couldn't sleep well.

3 You won't pass the exam (if / though) you don't try harder.

4 (Though / If) it doesn't stop raining, I'm not going out.

5 I went to school (though / if) I was still feeling bad.

C 다음 우리말을 접속사 if, though를 이용하여 영어로 옮기세요.

1 네가 지금 바쁘다면　　→ _____　busy now

2 그들은 무척 가난할지라도　　→ _____　so poor

3 그녀는 행복해 보이지만　　→ _____　happy

4 그녀가 돈이 좀 필요하다면　　→ _____　some money

5 나의 부모님은 새 차를 사셨지만　→ _____　a new car

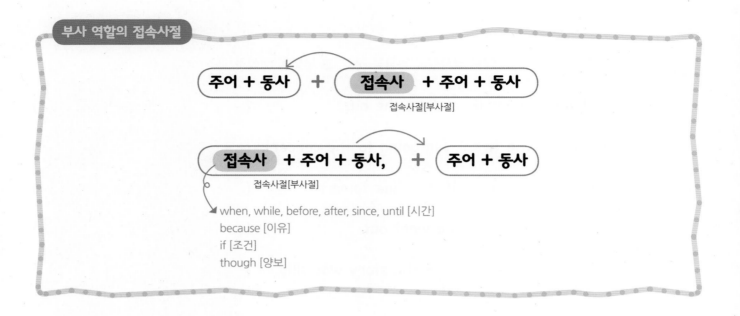

부사 역할의 접속사절

주어 + 동사 + 접속사 + 주어 + 동사
접속사절[부사절]

접속사 + 주어 + 동사, + 주어 + 동사
접속사절[부사절]

when, while, before, after, since, until [시간]
because [이유]
if [조건]
though [양보]

시간접속사 + 주어 + 동사

· when you came 네가 왔을 때
· while you stay 네가 머무는 동안
· before you come 네가 오기 전에
· after you come 네가 온 후에
· since you came 네가 왔던 후로

· when I have dinner 내가 저녁을 먹을 때
· while I was having dinner 내가 저녁을 먹고 있었던 동안
· before I had dinner 내가 저녁을 먹기 전에
· after I have dinner 내가 저녁을 먹은 후에
· since I had dinner 내가 저녁을 먹었던 이후로

이유접속사 + 주어 + 동사

· because you came 네가 왔기 때문에

· because I had dinner 내가 저녁을 먹었기 때문에

조건접속사 + 주어 + 동사

· if you come 만약 네가 온다면

· if I have dinner 만약 내가 저녁을 먹는다면

양보접속사 + 주어 + 동사

· though you come 네가 올지라도

· though I have dinner 내가 저녁을 먹을지라도

> We will arrive on time.

- We will arrive on time **before** it starts . (will start ✕)
  그것이 시작하기 전에

- We will arrive on time **because** we took the taxi .
  택시를 탔기 때문에

- We will arrive on time **if** we hurry . (will hurry ✕)
  우리가 서두른다면

- We will arrive on time **though** we missed the train .
  그 기차를 놓쳤더라도

Quick Check ❶ 동사 meet과 접속사를 이용하여 다음 부사절을 완성하세요.

1 내가 너를 만났을 때 ➡ _____ you

2 그가 내일 너를 만나기 전에 ➡ _____ you tomorrow

3 우리가 어제 그들을 만난 후에 ➡ _____ them yesterday

4 내가 그녀를 지난주에 만난 이후로 ➡ _____ her last week

5 그들이 너를 만나는 동안 ➡ _____ you

6 그녀가 너를 만날지도 모르기 때문에 ➡ _____ you

7 만약 네가 그를 만나게 된다면 ➡ _____ him

8 그가 그녀를 만났을지라도 ➡ _____ her

Quick Check ❷ 다음 주어진 동사와 접속사를 이용하여 부사절을 완성하세요.

1 우리가 학교에 갈 때 ➡ _____ to school

2 네가 떠나기 전에 ➡ _____

3 네 친구들이 도착한 후에 ➡ _____

4 내가 여기 이사 온 이후로 ➡ _____ here

5 비가 내리고 있었기 때문에 ➡ _____

6 만약 네가 너무 많이 먹는다면 ➡ _____ too much

7 네 숙제가 어려울지라도 ➡ _____ hard

be
eat
move
rain
go
arrive
leave

1 <mark>She listens to music.</mark> 그녀는 음악을 듣는다.

❶ 그녀는 공부하는 동안 음악을 듣는다. ▶ 접속사가 문장 맨 앞에 올 때는 접속사가 이끄는 부사절 뒤에 쉼표(,)를 넣어요.

➡ _____

❷ 그녀는 불안할 때 음악을 듣는다. (feel, nervous)

➡ _____

❸ 그녀는 잠자리에 들기 전에 음악을 듣는다. (go to bed)

➡ _____

2 <mark>You can sit here.</mark> 여기에 앉아도 된다.

❶ 그 쇼가 끝난 후에는 여기에 앉아도 된다. (be over)

➡ _____

❷ 네가 원한다면 여기에 앉아도 된다.

➡ _____

❸ 그들이 여기 있더라도 여기에 앉아도 된다.

➡ _____

3 <mark>The girl cried.</mark> 그 소녀는 울었다.

❶ 그 소식을 들었을 때 그 소녀는 울었다.

➡ _____

❷ 그녀의 개를 잃어버려서 그 소녀는 울었다. (lose)

➡ _____

❸ 그녀의 부모님이 그녀를 보러 오셨지만 그 소녀는 울었다. (to see)

➡ _____

4 I couldn't sleep.   나는 잘 수가 없었다.

❶ 커피를 한 잔 마신 후에 나는 잘 수가 없었다. (a cup of)

➡ _____

❷ 어젯밤 2시 이후로 나는 잘 수가 없었다.

➡ _____

❸ 매우 피곤한데도 나는 잘 수가 없었다.

➡ _____

5 We will be ready.   우리는 준비될 것이다.

❶ 네가 준비될 때 우리는 준비될 것이다.

➡ _____

❷ 그 파티가 시작되기 전에 우리는 준비될 것이다. (start)

➡ _____

❸ 그들이 우리를 도와 줄 수 없더라도 우리는 준비될 것이다.

➡ _____

6 The room will look neat.   그 방은 깨끗해 보일 거야.

❶ 우리가 그 방을 청소하고 난 뒤에 그 방은 깨끗해 보일 거야. ▶ 한 번 나온 명사는 두 번째 나올 때 대명사로 써요.

➡ _____

❷ 네가 그 방을 다시 칠하면 그 방은 깨끗해 보일 거야. (paint)

➡ _____

❸ 그 방은 청소가 되지 않았지만 깨끗해 보일 거야. (be cleaned)

➡ _____

7 **The hotels were always full up.** 그 호텔들은 항상 만원이었다.

❶ 그 전시회가 개최되는 동안 그 호텔들은 항상 만원이었다. (exhibition, be held)

➡ _____

❷ 해변이 너무나 좋았기 때문에 그 호텔들은 항상 만원이었다. (beach)

➡ _____

❸ 서비스가 나빴는데도 불구하고 그 호텔들은 항상 만원이었다. (services, poor)

➡ _____

8 **You can be a member.** 회원이 될 수 있습니다.

❶ 이 시험을 통과한 후에 회원이 될 수 있습니다. (pass, test)

➡ _____

❷ 이 카드를 만들면 회원이 될 수 있습니다.

➡ _____

❸ (여러분이) 모든 규칙을 몰라도 회원이 될 수 있습니다. (all the rules)

➡ _____

9 **We play soccer.** 우리는 축구를 한다.

❶ 우리는 심심하다고 느낄 때 축구를 한다. (bored)

➡ _____

❷ 우리는 비나 눈이 오지 않으면 축구를 한다.

➡ _____

❸ 우리는 비가 와도 축구를 한다.

➡ _____

178

10 People say hello.   사람들은 인사를 한다.

❶ 사람들은 전화를 받을 때 인사를 한다.   ▶ answer the phone 전화를 받다

➡ _____

❷ 사람들은 길에서 서로 만나면 인사를 한다. (each other, street)

➡ _____

❸ 사람들은 서로 잘 몰라도 인사를 한다.

➡ _____

11 Can I see Ben?   벤을 좀 만날 수 있을까요?

❶ 이 수업이 끝난 후에 벤을 좀 만날 수 있을까요? (be over)

➡ _____

❷ 그 수업이 안 끝났지만 벤을 좀 만날 수 있을까요?

➡ _____

❸ 그가 지금 학교에 있으면 벤을 좀 만날 수 있을까요? (at school)

➡ _____

12 I cannot wear these shoes.   나는 이 신발을 신을 수가 없다.

❶ 그녀가 이 신발을 한번 신어 본 후에 나는 이 신발을 신을 수가 없다.   ▶ try (them) on ~을 한번 입어 보다, 신어 보다

➡ _____

❷ 이 신발은 너무 작아서 나는 신을 수가 없다. (too)

➡ _____

❸ 이 신발은 예뻐 보이지만 나는 신을 수가 없다. (pretty)

➡ _____

13 I cannot go out.   나는 외출할 수가 없다.

❶ 저녁 식사가 준비되는 동안 나는 외출할 수가 없다. (ready)

➡ _____

❷ 벤(Ben)이 날 도와 주지 않는다면 나는 외출할 수가 없다.

➡ _____

❸ 네가 원하더라도 나는 외출할 수가 없다.

➡ _____

14 She bought a car.   그녀는 차를 한 대 샀다.

❶ 그녀는 일자리를 구했을 때 차를 한 대 샀다.   ▶ find a job 일자리를 잡다

➡ _____

❷ 그녀는 버스나 지하철을 탈 수 없어서 차를 한 대 샀다. (take)   ▶ take a bus / subway 버스를 / 지하철을 타다

➡ _____

❸ 그녀는 운전을 잘 할 줄 모르면서 차를 한 대 샀다. (can, drive)

➡ _____

15 I read some books.   나는 책을 몇 권 읽었다.

❶ 나는 그들을 기다리고 있는 동안 책을 몇 권 읽었다. (wait for)

➡ _____

❷ 나는 보고서를 써야 해서 책을 몇 권 읽었다. (have to, a report)

➡ _____

❸ 나는 시간이 없었는데도 불구하고 책을 몇 권 읽었다. (have, no time)

➡ _____

PART 10

형용사절

1. 형용사 역할을 하는 관계대명사절

1 관계대명사는 두 문장을 한 문장으로 이어 주는 역할을 합니다. 아래 두 문장에서 공통 요소를 찾아 합쳐 봅시다.

 I know the girl.  She won the contest.

I know the girl . 나는 그 소녀를 안다.

She won the contest. 그녀는 그 대회에서 우승했다.

→ I know the girl who won the contest. 나는 그 대회에서 우승한 소녀를 안다.

이때 두 문장을 연결하는 동시에 주어를 대신하는 who를 '관계대명사'라고 해요. 다시 말해 관계대명사는 '접속사+대명사'의 역할을 해요.

2 관계대명사 앞에 쓰이며 관계대명사와 같은 의미를 지니는 단어(a girl)를 '선행사'라고 해요. 그리고 관계대명사가 이끄는 문장을 '관계대명사절'이라고 해요.

I know the girl who won the contest.
　　　　선행사　　　　　관계대명사절

> '절'은 '주어+동사'의 형태를 갖춘 것, '구'는 '주어+동사'의 형태를 갖추지 않은 것을 가리킵니다.

관계대명사절은 선행사를 꾸며 주는 형용사 역할을 해요.

3 관계대명사에는 who, which, that이 있어요. 이 대명사들은 원래 각 단어가 가진 '누가, 어느 것, 저것'의 뜻 대신 문장을 연결해 주는 역할을 해요. 또한, 선행사에 따라 who 또는 which를 구별해서 써야 해요.

선행사	주어를 대신할 때	목적어를 대신할 때
사람	who	who 또는 whom
사물, 동물	which	which

▶ 관계대명사 who, which, whom 대신 that을 쓸 수 있어요.

관계대명사가 이끄는 문장
(관계대명사절)은 선행사
바로 뒤에 써요.

선행사가 사람일 때

The people are very friendly.
They live next door. ▶ They를 who나 that으로 바꿔요.

→ **The people who / that** live next door are very friendly.
옆집에 사는 사람들은 매우 친절하다.

There is the boy .
We met him yesterday. ▶ him을 who나 whom, that으로 바꿔 문장 앞쪽으로 보내요.

→ There is **the boy who / whom / that** we met yesterday.
우리가 어제 만난 소년이 있다.

선행사가 사물 또는 동물일 때

I have a mug .
I bought it in London. ▶ it을 which나 that으로 바꿔 문장 앞쪽으로 보내요.

→ I have **a mug which / that** I bought in London.
나는 런던에서 산 머그잔을 갖고 있다.

I have a dog .
It eats a lot. ▶ It을 which나 that으로 바꿔요.

→ I have **a dog which / that** eats a lot.
나는 많이 먹는 개 한 마리를 키운다.

Plus   선행사에 사람과 동물이 동시에 나올 때는 관계대명사 that만 쓸 수 있어요.

We often saw **a boy and a dog that** were walking.
우리는 종종 산책하고 있는 소년과 개를 봤다.

다음 각 선행사에 맞는 관계대명사를 고르세요. 답이 두 가지인 경우도 있어요.

1   a cat (which / who) has three kittens

2   the teacher (who / what) teaches history

3   the little girl (that / which) hurt herself

4   the package (that / which) was lying on the floor

5   the socks (who / which) were on sale

6   the child (who / whom) we saw yesterday

7   the two men (that / which) saw the accident

8   the boy (who / what) is wearing a red sweater

9   the food (that / which) is on the table

10 the girl (who / that) you like

11 the boy (who / which) broke his leg

12 an American artist (who / which) paints well

13 a bird (which / who) can fly high

14 a wild animal (which / that) lives in Africa

15 the doctor (that / whom) you are going to meet

▶ hurt oneself 다치다 / package 소포 / break one's leg 다리가 부러지다

보기처럼 관계대명사에 동그라미 하고, 관계대명사절에 밑줄을 그은 다음 해석하세요.

> Look at the monkey (which) is dancing. (춤추고 있는)

1 This is my friend who you met yesterday.   (   )

2 The bag which he is carrying is very old.   (   )

3 Did you find the book which you wanted?   (   )

4 The people who we work with are very nice.   (   )

5 I met a woman who can speak six languages.   (   )

6 I know someone who knows you well.   (   )

7 An airplane is an machine which flies.   (   )

8 Jack lives in a house that is 100 years old.   (   )

9 We like the man that works in the bakery.   (   )

10 The boy who broke the window ran away.   (   )

11 Sally that lives next door is beautiful.   (   )

12 There's one thing that I must tell you.   (   )

13 He is the boy who saw the movie.   (   )

14 There was a cake that Mom had made herself.   (   )

15 The bike which I wanted to buy was on sale.   (   )

2. 주격 관계대명사

1 관계대명사가 이끄는 문장은 뼈대 문장에 쓰인 주어나 보어, 목적어를 수식하는 형용사 역할을 해요. 먼저 보어나 목적어를 수식하는 관계대명사절을 살펴봅시다.

주어 **+** 동사 **+** 보어 / 목적어 **+** 관계대명사절

선행사가 사람일 때는 관계대명사 who나 that을, 사물이나 동물일 때는 which나 that 을 써요. 이 관계대명사들은 주어 역할도 하므로 주격 관계대명사라고 해요. 이때, 선행 사의 수에 따라 관계대명사절의 동사를 일치시켜 줘야 해요.

　　　　　　　보어　　　　　　주어
A novelist is someone . + He writes novels.

→ A novelist is **someone who / that writes** novels.
　　소설가는 소설을 쓰는 사람이다.

> someone은 단수이므로 단수 동사 writes를 쓰고, some people은 복수 이므로 복수 동사 write 를 써요.

　　　　목적어　　　　　　주어
I met some people . + They write novels.

→ I met **some people who / that write** novels.
　　나는 소설을 쓰는 몇몇 사람들을 만났다.

　　　　목적어　　　주어
I read the book . + It is written by the writer.

→ I read **the book which / that is** written by the writer.
　　나는 그 작가가 쓴 책을 읽었다.

> the book은 단수이므로 단수 동사 is를 쓰고, some books는 복수이 므로 복수 동사 were를 써요.

　　　　목적어　　　　　주어
I bought some books . + They were very interesting.

→ I bought **some books which / that were** very interesting.
　　나는 무척 재미있는 책을 몇 권 샀다.

2 관계대명사가 이끄는 수식 문장이 주어 자리의 선행사를 수식할 수도 있어요. 이때 관계
대명사절은 주어 바로 뒤에 오고, 뼈대 문장의 동사는 관계대명사절이 끝난 뒤에 와요.

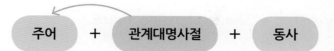

주어   주어
The house belongs to the man. + It is 100 years old.

→ **The house which/that** is 100 years old **belongs** to the man.
100년 된 그 집은 그 남자의 것이다.

주어   주어
The man is from New York. + He lives next door.

→ **The man who/that** lives next door **is** from New York.
옆집에 사는 남자는 뉴욕 출신이다.

> lives는 관계대명사절의 동사,
> is는 뼈대 문장의 동사!

PLUS

관계대명사 that과 접속사 that을 구별해 봅시다.

- **관계대명사 that** : '접속사+대명사' 역할을 하므로 관계대명사 that 뒤에는 반드시 주어
  나 목적어가 하나 빠져 있어요.

  I will buy the book **that** has a lot of pictures. [that이 동사 has의 주어 역할]
                          사진이 많은

  I heard the news **that** you don't know. [that이 동사 know의 목적어 역할]
                        네가 모르는

- **접속사 that** : 두 문장을 연결하는 역할만 하므로 that 뒤에는 주어+동사가 모두 등장해요.

  I heard **that** you didn't know the news.
              네가 그 소식을 몰랐다는 것을

관계대명사 who나 which를 이용하여 다음 두 문장을 한 문장으로 만드세요.

1 The girl is my sister. + She is standing there.

⇒ The girl _____ .

2 The woman has a good voice. + She sang at the concert.

⇒ The woman _____ .

3 I thanked the boy. + He helped me.

⇒ I thanked _____ .

4 I have an English class. + It begins at 3.

⇒ I have _____ .

5 I will meet a man. + He has just returned from America.

⇒ I will meet _____ .

6 A puzzle is a problem. + It is difficult to solve.

⇒ A puzzle _____ .

7 Here is a photo of my friends. + They traveled with me.

⇒ Here is _____ .

8 The people didn't say anything. + They walked into the classroom.

⇒ The people _____ .

9 The woman is an actress. + She drew this picture.

⇒ The woman _____ .

10 The singers were wonderful. + They sang at the concert yesterday.

⇒ The singers _____ .

다음 우리말을 관계대명사 who나 which를 이용하여 영어로 옮기세요.

1 크게 짖고 있는 개 (bark)   ➜ the dog _____ loudly

2 그 창문을 깨뜨린 소녀   ➜ the girl _____

3 그 강에 사는 물고기들   ➜ the fish _____ in the river

4 우리를 도와줬던 경찰관   ➜ the police officer _____

5 그 파티에 왔던 아이들   ➜ the children _____ to the party

6 수업에 늦었던 학생들   ➜ the students _____ for school

7 8시에 도착하는 기차   ➜ the train _____ at eight

8 봄에 피는 꽃들 (bloom)   ➜ the flowers _____ in spring

9 무대에서 춤추고 있는 소녀   ➜ the girl _____ on the stage

10 긴 다리를 가진 홍학들   ➜ flamingos _____

11 그 동굴에 살았던 동물   ➜ an animal _____ in the cave

12 메리(Mary) 앞에 앉은 소녀   ➜ a girl _____ in front of Mary

13 고기를 먹지 않는 사람   ➜ the person _____

14 일주일째 아픈 선생님 (have been, ill)

      ➜ the teacher _____ for a week

15 검정색 정장을 입고 있는 남자 (wear, suit)

      ➜ a man _____

3. 목적격 관계대명사

1 관계대명사가 수식절의 목적어를 대신하는 경우를 살펴봅시다. 목적어를 대신하는 경우에는 관계대명사를 생략할 수 있어요. 또한 관계대명사는 해당 절의 맨 앞에 써야 해요.

주어   동사의 목적어

Who are the people ? + You met them yesterday.

→ Who are **the people** (who / whom / that) you met yesterday?
어제 네가 만난 사람들은 누구니?

목적어   전치사의 목적어

Do you know the woman ? + I talked to her .

→ Do you know **the woman** (who / whom / that) I talked to?
내가 말을 걸었던 여자를 아니?

주어   동사의 목적어

Where is the bag? + Bill was carrying it .

→ Where is **the bag** (which / that) Bill was carrying?
빌이 가지고 다녔던 가방은 어디에 있니?

주어   전치사의 목적어

The bus is late. + We are waiting for it .

→ **The bus** (which / that) we are waiting for is late.
우리가 기다리고 있는 버스가 늦고 있다.

주어   동사의 목적어

The boy is seven years old. + I saw him on the bus.

→ **The boy** (who / whom / that) I saw on the bus is seven years old.
내가 버스에서 본 소년은 일곱 살이다.

2 관계대명사가 쓰인 문장은 많은 학생들이 해석하기 어려워해요. 관계대명사절의 쓰임새와 기능을 정확히 이해하면 해석뿐만 아니라 영작도 쉬워져요.

> · 관계대명사절은 선행사를 수식하는 형용사 역할을 해요.
> · 관계대명사절에는 주어나 목적어가 빠져 있어요. (관계대명사가 주어, 목적어 역할)
> · 관계대명사가 목적격으로 쓰인 경우에는 생략되기도 해요.

다음 문장들을 읽고 의미를 이해해 봅시다.

Where is the picture↑? 그 그림은 어디 있나요?

> which was hanging on the wall 벽에 걸려 있었던

The person↑ is my teacher. 그 사람은 나의 선생님이다.

> who called me last night 어젯밤에 내게 전화한

These are the pictures↑. 이것들은 그 사진들이다.

> (which / that) I took yesterday 내가 어제 찍은

I know the girl↑. 나는 그 소녀를 안다.

> (who / that) you invited to the party 네가 파티에 초대한

The hotel ↑was very nice. 그 호텔은 매우 좋았다.

> (which / that) we stayed at 우리가 묵었던

Is this the map↑? 이것이 그 지도니?

> (which / that) you are talking about 네가 말하고 있는

관계대명사 who나 which를 이용하여 다음 두 문장을 한 문장으로 만드세요. 생략이 가능한 관계대명사는 (who) 또는 (which)로 표시하세요.

1 Did you find the book? + You wanted it.

→ Did you _____ ?

2 The soup was too salty. + My mom made it.

→ The soup _____ .

3 My mother is a woman. + I love her most in the world.

→ My mother _____ .

4 I lost the pen. + I bought it yesterday.

→ I lost _____ .

5 I can't believe the news. + I heard it from her.

→ I can't believe _____ .

6 The information was useful. + I found it on the Internet.

→ The information _____ .

7 The woman was a teacher. + Mike met her on his way.

→ The woman _____ .

8 The shoes were expensive. + I bought them at the store.

→ The shoes _____ .

9 The lunch was delicious. + We ate it at school today.

→ The lunch _____ .

10 I love the music. + I listened to it last night.

→ I love _____ .

다음 우리말을 관계대명사 which를 이용하여 영어로 옮기세요. 목적격은 (which)로 표시하세요.

1 그가 운전하는 자동차 → the car _____

2 그 강에 사는 물고기들 → the fish _____

3 3시에 도착하는 기차 → the train _____

4 네가 먹고 있는 오렌지 → the orange _____

5 그 소녀가 쓰고 있는 모자 → the hat _____

6 가을에 피는 꽃들 (bloom) → the flowers _____

7 긴 다리를 가진 새들 → the birds _____

8 그 남자가 입고 있는 바지 → the pants _____

9 네가 어제 샀던 꽃들 → the flowers _____

10 우리가 봤던 영화 (see) → the movie _____

11 그들이 보았던 장면 → the scene _____

12 과거에 살았던 동물 → an animal _____

13 그가 했던 많은 것들 → many things _____

14 내가 찾고 있는 책 → the book _____

15 네가 관심을 갖고 있는 노래 → the song _____

▶ in the past 과거에 / look for ~을 찾다 / be interested in ~에 관심이 있다

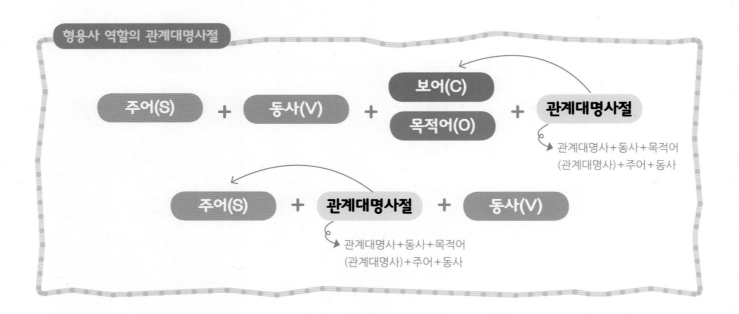

형용사 역할의 관계대명사절

주어(S) + 동사(V) + 보어(C) / 목적어(O) + 관계대명사절

↳ 관계대명사+동사+목적어
(관계대명사)+주어+동사

주어(S) + 관계대명사절 + 동사(V)

↳ 관계대명사+동사+목적어
(관계대명사)+주어+동사

선행사가 사람일 때

· the woman
— who called you this morning 오늘 아침에 네게 전화한
— that comes from Canada 캐나다에서 온
— who(m) we met yesterday 우리가 어제 만났던
— that you called 네가 전화했던
— you have just spoken to 네가 방금 말을 걸었던

▶ 목적격 관계대명사는 생략 가능해요.

선행사가 사물일 때

· the store
— which opens at eight 8시에 문을 여는
— that sells fresh fruit 신선한 과일을 파는
— which you like 네가 좋아하는
— that I am looking for 내가 찾고 있는
— my mother works at 우리 어머니가 일하시는

▶ 목적격 관계대명사는 생략 가능해요.

The girl talks a lot.

- The girl who/that sits next to me talks a lot. [주격 관계대명사]
  내 옆에 앉은

- The girl who/that lives upstairs talks a lot. [주격 관계대명사]
  위층에 사는

- The girl (who(m)/that) you met yesterday talks a lot. [목적격 관계대명사 / 생략 가능]
  네가 어제 만났던

- The girl (who(m)/that) I talked to talks a lot. [목적격 관계대명사 / 생략 가능]
  내가 말을 걸었던

This is the picture.

- This is the picture which/that was hanging on the wall. [주격 관계대명사]
  벽에 걸려 있었던

- This is the picture which/that was from Paris. [주격 관계대명사]
  파리에서 온

- This is the picture (which/that) I have drawn. [목적격 관계대명사 / 생략 가능]
  내가 그린

- This is the picture (which/that) they lost. [목적격 관계대명사 / 생략 가능]
  그들이 잃어버린

Quick Check who와 which를 이용하여 다음을 완성하세요. 생략이 가능한 것은 괄호로 표시하세요.

1 지금 노래 부르고 있는 남자 ➡ the man _____ now

2 나를 쳐다보고 있는 남자 ➡ the man _____ at me

3 그녀가 말을 걸고 있는 남자 (speak) ➡ the man _____ to

4 옆집에 사는 아이들 ➡ the children _____ next door

5 당신이 돌보는 아이들 (take care of) ➡ the children _____

6 침대 위에 있는 고양이 ➡ the cat _____ on the bed

7 어제 여기 왔던 고양이 ➡ the cat _____ here yesterday

8 내가 무서워하는 고양이 (be scared of) ➡ the cat _____ of

9 내가 좋아하는 과목 ➡ the subject _____

10 네가 관심 있는 과목 ➡ the subject _____ in

1 Two people came. 두 사람이 왔다.

❶ 흰 모자를 쓴 두 사람이 왔다. (wear, cap) ▶ 두 사람이 모자를 쓴 것이니 caps로 표현해야 해요.

➜
_____

❷ 지쳐 보이는 두 사람이 왔다. (tire)

➜
_____

❸ 어제 네가 만난 두 사람이 왔다. (meet)

➜
_____

2 The airplane is going to arrive on time. 그 비행기는 정각에 도착할 예정이다.

❶ 어제 떠난 비행기는 정각에 도착할 예정이다. (leave)

➜
_____

❷ 내가 기다리고 있던 비행기는 정각에 도착할 예정이다. (wait for)

➜
_____

❸ 우리가 홍콩까지 타고 간 비행기는 정각에 도착할 예정이다. (take, Hong Kong)

➜
_____

3 The tiny bird lives in Cuba. 그 작은 새는 쿠바에 산다.

❶ 높이 날 수 있는 작은 새는 쿠바에 산다. (high)

➜
_____

❷ 빨간 부리를 가진 작은 새는 쿠바에 산다. ▶ bill 부리

➜
_____

❸ 네가 TV에서 본 작은 새는 쿠바에 산다. (see)

➜
_____

4 **The children played outside.** 그 아이들은 밖에서 놀았다.

❶ 그 파티에 초대된 아이들은 밖에서 놀았다. (be invited)

➡ _____

❷ 수업에 지각한 아이들은 밖에서 놀았다. (late for)

➡ _____

❸ 점심을 먹고 싶지 않았던 아이들은 밖에서 놀았다. (eat)

➡ _____

5 **The shoes were expensive.** 그 신발은 비쌌다.

❶ 내가 사고 싶었던 신발은 비쌌다.

➡ _____

❷ 네가 가게에서 본 신발은 비쌌다. (store)

➡ _____

❸ 그 가게에 전시되어 있던 신발은 비쌌다. (be displayed)

➡ _____

6 **The boy is not my brother.** 그 남자 아이는 내 동생이 아니다.

❶ 저기 서 있는 남자 아이는 내 동생이 아니다. (over there)

➡ _____

❷ 막 도착한 남자 아이는 내 동생이 아니다. (have arrived, just)

➡ _____

❸ 네가 길에서 본 남자 아이는 내 동생이 아니다. (street)

➡ _____

7　The car is new.　그 차는 새것이다.

❶ 그 남자가 지금 몰고 있는 차는 새것이다. (drive)

➔ _____

❷ 대문 옆에 주차되어 있는 차는 새것이다. (park, by, gate)

➔ _____

❸ 그들이 세차 중인 차는 새것이다. (wash)

➔ _____

8　The work is very easy.　그 일은 무척 쉽다.

❶ 우리가 해야 하는 일은 무척 쉽다. (have to)

➔ _____

❷ 그가 원하는 일은 무척 쉽다.

➔ _____

❸ 그녀가 네게 주려고 하는 일은 무척 쉽다. (be going to)

➔ _____

9　English is the subject.　영어는 과목이다.

❶ 영어는 내가 가장 좋아하는 과목이다. (most)

➔ _____

❷ 영어는 대부분의 한국 학생들이 배우고 있는 과목이다. (most, learn)

➔ _____

❸ 영어는 내가 흥미를 가진 과목이다. (be interested in)

➔ _____

10 **They have some money.** 그들은 돈이 좀 있다.

❶ 그들은 네가 어제 그들에게 준 돈이 있다.

➡ _____

❷ 그들은 법에 위반되는 돈이 있다. (against the law)

➡ _____

❸ 그들은 가난한 사람들을 돕는 데 사용할 돈을 가지고 있다. (to help) ▶ the poor 가난한 사람들

➡ _____

11 **I met some people.** 나는 몇 사람을 만났다.

❶ 나는 한국 가요를 좋아하는 몇 사람을 만났다. (K-pop)

➡ _____

❷ 나는 너를 잘 아는 몇 사람을 만났다.

➡ _____

❸ 나는 우리에게 매우 친절했던 몇 사람을 만났다. (kind)

➡ _____

12 **Did you find the book?** 너는 그 책을 찾았니?

❶ 너는 네가 읽고 싶어했던 책을 찾았니?

➡ _____

❷ 너는 읽어야 하는 책을 찾았니? (have to)

➡ _____

❸ 너는 네 친구에게 빌린 책을 찾았니? (borrow)

➡ _____

13 I've lost the pen. 나는 그 펜을 잃어버렸다.

❶ 나는 어제 산 펜을 잃어버렸다.

➡ _____

❷ 나는 네가 내게 사준 펜을 잃어버렸다.

➡ _____

❸ 나는 책상 위에 놓아 둔 펜을 잃어버렸다. (put)

➡ _____

14 I know the boy. 나는 그 소년을 안다.

❶ 나는 모든 것을 가진 소년을 안다. (everything)

➡ _____

❷ 나는 너와 영어를 배우고 있는 소년을 안다.

➡ _____

❸ 나는 네가 말하고 있는 소년을 안다. (talk about)

➡ _____

15 The information helped us a lot. 그 정보는 우리에게 많은 도움을 주었다.

❶ 네가 내게 말해 준 정보는 우리에게 많은 도움을 주었다.

➡ _____

❷ 그가 인터넷에서 찾아 낸 정보는 우리에게 많은 도움을 주었다. (find, on the Internet)

➡ _____

❸ 그 책에서 내가 읽은 정보는 우리에게 많은 도움을 주었다. (on)

➡ _____

중학교 시험에 나오는 서술형 주관식 평가 ④

출제 범위 | Part 8-10

1 다음 두 문장이 같은 뜻이 되도록 빈칸에 알맞은 단어를 쓰시오.

He runs as fast as he can.
= He runs as fast as _____.

[2-3] 다음 그림을 보고 주어진 단어를 바르게 배열하여 문장을 완성하시오.

2

most, the, woman, beautiful, in, world, the

→ She is _____.

3

that, comfortable, than, more

→ This jacket is _____.

4 다음 문장을 비교급 문장으로 고치시오.

He wants a big house.

→ _____

5 다음 밑줄 친 부분을 주어진 단어를 이용하여 영어로 쓰시오.

He eats <u>우리가 생각한 것보다 훨씬 더 많이</u>.
(much, think)

→ He eats _____.

6 다음 문장을 주어진 주어로 고쳐 쓰시오.

David is taller than Jane.

→ Jane isn't as _____.

7 다음 두 문장을 접속사 but을 사용하여 한 문장으로 연결하시오.

· We stayed at home.
· It stopped raining.

→ _____, _____

8 다음 두 문장을 접속사 if를 사용하여 한 문장으로 연결하시오.

> · I don't get enough sleep.
> · I feel tired.

→ _____

9 다음 빈칸에 공통으로 들어갈 접속사를 쓰시오.

> · _____ I didn't have lunch, I felt very hungry.
> · We ate out _____ we had no food at home.

→ _____

10 다음 두 문장 중 어법상 틀린 것을 골라 바르게 고쳐 쓰시오.

> ⓐ If you don't hurry, you will miss the bus.
> ⓑ When you will get back, call me.

( ) → _____

11 다음 우리말에 맞게 빈칸을 완성하시오.

> 제인은 슬펐어도 울지 않았다.

→ Jane didn't cry _____ she _____

_____.

12 빈칸에 알맞은 말을 보기에서 골라 쓰시오.

보기 who which what

(1) I know the girl _____ won the contest.

(2) I bought the socks _____ were on sale.

13 우리말에 맞게 주어진 단어를 바르게 배열하시오.

> 우리가 머물렀던 그 호텔은 매우 좋았다.
> (stayed, we, at, which)

→ The hotel _____ was very nice.

14 그림을 보고 관계대명사를 이용하여 두 문장을 연결하시오.

> · The boy is seven years old.
> · I saw him on the bus.

→ The boy _____.

15 다음 문장에서 생략되어 있는 관계대명사를 찾아 문장을 다시 쓰시오.

> Where is the bag Bill was carrying?

→ _____

16 다음 문장에서 생략할 수 있는 단어에 동그라미 하세요.

> Who are the people that you met yesterday?

★ 동사 변화표(불규칙 변화)

동사원형	과거형	과거분사형
arise 일어나다	arose	arisen
awake 깨우다	awoke	awoke(n)
be ~이다, 있다	was / were	been
bear 낳다	bore	born
beat 이기다	beat	beaten
become ~이 되다	became	become
begin 시작하다	began	begun
bend 구부리다	bent	bent
bind 묶다	bound	bound
bite 물다	bit	bitten
bleed 피를 흘리다	bled	bled
blow (바람이) 불다	blew	blown
break 깨뜨리다	broke	broken
bring 가져오다	brought	brought
build 짓다	built	built
burn 타다	burnt	burnt
buy 사다	bought	bought
catch 잡다	caught	caught
choose 선택하다	chose	chosen
come 오다	came	come
cost (비용이) 들다	cost	cost
cut 자르다	cut	cut
deal 다루다	dealt	dealt
dig 파다	dug	dug
do ~하다	did	done
draw 그리다	drew	drawn

동사원형	과거형	과거분사형
drink 마시다	drank	drunk
drive 운전하다	drove	driven
eat 먹다	ate	eaten
fall 떨어지다	fell	fallen
feed 먹이다	fed	fed
feel 느끼다	felt	felt
fight 싸우다	fought	fought
find 발견하다	found	found
fly 날다	flew	flown
forget 잊다	forgot	forgotten
forgive 용서하다	forgave	forgiven
freeze 얼다	froze	frozen
get 얻다	got	got
give 주다	gave	given
go 가다	went	gone
grow 자라다	grew	grown
hang 매달다	hung	hung
have 가지다	had	had
hear 듣다	heard	heard
hide 숨기다	hid	hidden
hit 치다	hit	hit
hold 들다	held	held
hurt 다치게 하다	hurt	hurt
keep 지키다	kept	kept
know 알다	knew	known
lay 두다	laid	laid

동사원형	과거형	과거분사형	동사원형	과거형	과거분사형
lead 이끌다	led	led	shut 닫다	shut	shut
leave 떠나다	left	left	sing 노래하다	sang	sung
lend 빌려주다	lent	lent	sink 가라앉다	sank	sunk
let 시키다	let	let	sit 앉다	sat	sat
lie 눕다	lay	lain	sleep 자다	slept	slept
light 불을 붙이다	lit	lit	slide 미끄러지다	slid	slid
lose 잃다	lost	lost	speak 말하다	spoke	spoken
make 만들다	made	made	spend 쓰다	spent	spent
mean 의미하다	meant	meant	spread 펴다	spread	spread
meet 만나다	met	met	stand 서다	stood	stood
mistake 실수하다	mistook	mistaken	steal 훔치다	stole	stolen
pay 지불하다	paid	paid	stick 찌르다	stuck	stuck
put 놓다	put	put	strike 치다	struck	struck
read 읽다	read	read	swear 맹세하다	swore	sworn
ride 타다	rode	ridden	swim 수영하다	swam	swum
ring 울리다	rang	rung	swing 흔들다	swung	swung
rise (해가) 뜨다	rose	risen	take 잡다	took	taken
run 달리다	ran	run	teach 가르치다	taught	taught
say 말하다	said	said	tear 찢다	tore	torn
see 보다	saw	seen	tell 말하다	told	told
sell 팔다	sold	sold	think 생각하다	thought	thought
send 보내다	sent	sent	throw 던지다	threw	thrown
set 놓다	set	set	understand 이해하다	understood	understood
shake 흔들다	shook	shaken	wear 입다	wore	worn
shine 빛나다	shone	shone	win 이기다	won	won
shoot 쏘다	shot	shot	write (글) 쓰다	wrote	written

★ **한눈에 보는 준동사**

준동사는 동사가 모양을 일부 바꿔서 명사나 형용사, 부사 역할을 하는 것을 말해요. 준동사에는 to 부정사, 동명사, 분사가 있어요. 이들은 동사처럼 그 뒤에 보어나 목적어, 부사도 함께 쓸 수 있어요.

준동사 \ 역할	명사 역할	형용사 역할	부사 역할
to 부정사 to + 동사원형	명사 역할을 하는 to 부정사는 주어, 목적어, 보어로 쓰여요. It is useful **to read books.** → 책을 읽는 것은 [주어] I want **to read this book.** → 이 책을 읽기를 [목적어] My hobby is **to read books.** → 책을 읽기 [보어]	형용사 역할을 하는 to 부정사는 명사를 수식해요. I need something **to drink.** → 마실 She has no time **to meet you.** → 너를 만날 There is a chair **to sit on.** → 앉을	부사 역할을 하는 to 부정사는 원인이나 목적, 판단의 근거를 나타내요. I am pleased **to see you.** → 너를 보게 되어서 [원인] She went to Canada **to learn English.** → 영어를 배우기 위해 [목적] He must be rich **to buy the house.** → 그 집을 사다니 [근거]
동명사 동사원형 -ing	명사 역할을 하는 동명사는 문장의 주어, 목적어, 보어로 쓰여요. **Reading books** is fun. → 책을 읽는 것은 [주어] I enjoy **reading books.** → 책을 읽는 것을 [목적어] My hobby is **reading books.** → 책을 읽는 것 [보어]		
분사 ① **현재분사** 동사원형 -ing / ② **과거분사** 동사원형 -ed 불규칙형		현재분사는 '진행'과 '능동'의 의미로, 과거분사는 '수동'과 '완료'의 의미로 쓰여요. ① **현재분사** a **working** man → 일하고 있는 [능동] The man is **working** now. → 일하고 있다 [진행] ② **과거분사** a **stolen** bike → 도난당한 [수동] He has **stolen** my bike. → 훔쳤다 [완료]	

하루 10분, 한 달이면 중학교 영어 완성!

중학교 영어의 든든한 기본기를 만드는 영단어 학습서

기적의 영단어+쓰기노트 ①, ②, ③ | 248쪽 | 12,000원 | MP3 파일 다운로드

〈기적의 영단어+쓰기노트〉 만의 특징

 교육부 최신 개정 교육 과정의 필수 영단어 수록!
교육부 지정 어휘 목록과 영어 교과서를 분석하여 중학생이 꼭 알아야 할 필수 영단어 600개를 담았습니다.

 자주 나오는 단어부터 우선순위로!
학년별 필수 영단어 600개를 교과서와 시험에 자주 나오는 우선순위대로 공부할 수 있습니다.

 하루에 10분, 20개 단어를 부담없이!
무리하지 않는 적정 학습량으로 하루 10분씩 한 달이면 중학교 영단어 600개를 끝낼 수 있습니다.

 단어가 저절로 외워지는 오감 자극 단어 암기법!
두 가지 구성의 단계별 녹음 파일과 복습까지 책임지는 쓰기노트로 보고, 듣고, 말하고, 써 보는 동안 중학 영어 기본기가 탄탄해집니다.

기적의 문법 _{Plus} 영작

정답과 해석

2

PART 1 보어

1. 보어를 필요로 하는 동사

Practice	p.17

A 1. looks ~하게 보인다
메리는 오늘 슬퍼 보인다.

2. smells ~한 냄새가 난다
이 빵은 좋은 냄새가 난다.

3. became ~이 되었다
그는 소방관이 되었다.

4. turned (~한 상태로) 변했다, ~되었다
그녀의 얼굴은 창백해졌다.

5. sounds ~하게 들린다
네 이야기는 아주 재미있게 들린다.

6. was ~였다
그 책은 흥미로웠다.

7. go ~하게 된다
음식물들이 여름에는 쉽게 상하게 된다.

8. feels (촉감이) ~하다
그 종이는 감촉이 거칠거칠하다.

B 1. is　2. turn　3. smell
4. getting　5. were　6. was
7. go　8. become[be]

2. 보어 자리에 오는 명사와 형용사

Practice	p.19

A 1. (The sun) is a star.
태양은 하나의 별이다.

2. (They) must be busy.
그들은 바쁜 것이 틀림없다.

3. (Ben and Ted) became our friends.
벤과 테드는 우리의 친구가 되었다.

4. (Those) are new shoes.
저것들은 새 신발이다.

5. (He) has become a doctor.
그는 의사가 되었다.

6. (Her actions) will become history.
그녀의 행동들은 역사가 될 것이다.

7. (Amy) is smart.
에이미는 똑똑하다.

8. (Your shirt) looks good.
네 셔츠는 좋아 보인다.

B 1. a　2. a　3. an　4. a
5. an　6. x　7. x　8. x
9. x　10. a　11. an　12. x

C 1. It must be a mistake.

그것은 실수임에 틀림없다.

2. She will become a singer.
그녀는 가수가 될 것이다.

3. He cannot be Mr. Kim.
그는 김 선생님일 리가 없다.

4. Mary became an actress.
메리는 여배우가 되었다.

5. They were enemies.
그들은 적들이었다.

6. These are glasses.
이것은 안경이다.

3. 형용사의 모양

Practice	p.21

A 1. sunny　2. noisy　3. fast
4. lucky　5. beautiful　6. early
7. weekly　8. cloudy　9. daily
10. high　11. quick　12. kind
13. lovely　14. terrible

B 1. quickly 그는 빨리 달린다.

2. sad 그는 슬퍼 보인다.

3. carefully 그녀는 주의 깊게 쓴다.

4. slowly 그녀는 천천히 배운다.

5. well 그들은 바르게 행동한다.

6. good 너의 영어(실력)는 좋구나.

7. rough 내 피부는 거칠거칠하다.

8. bad 이것은 안 좋은 냄새가 난다.

9. noisy 브라이언은 소란스럽다.

10. hard 그 빵은 딱딱해졌다.

11. kindly 제인은 나를 친절히 대해 준다.

12. happily 그들은 행복하게 살았다.

13. terrible 그 사고는 끔찍했다.

14. easily 나는 그 문제를 쉽게 풀었다.

4. 보어 자리에 오는 동명사, to 부정사

Practice	p.23

A 1. ① playing　② to play
2. ① traveling　② to travel
3. ① learning　② to learn
4. ① listening　② to listen
5. ① shaking　② to shake
6. ① becoming　② to become

B 1. Her hobby is collecting dolls.

2. Mona's dream is becoming a politician.

3. Our hope was to solve the problem.

4. Her habit is biting her nails.

5. 보어 자리에 오는 현재분사, 과거분사

Practice   p.25

1. ① exciting   ② excited
2. ① interesting   ② interested
3. ① impressing   ② impressed
4. ① shocking   ② shocked
5. ① moving   ② moved
6. ① confusing   ② confused
7. ① amazing   ② amazed

STEP 2 뼈대 문장 만들기

Practice ❶ 보어 자리에 오는 명사   p.26

그녀는 여배우다.
그는 백만장자가 되었다.

1. Seoul is a city.
2. We are students.
3. It wasn't my mistake.
4. Swimming is a good sport.
5. Mike may be a musician.
6. Nancy will become a pilot.
7. She became mayor.
8. My brother is a middle school student.

Practice ❷ 보어 자리에 오는 형용사   p.27

그녀는 똑똑하다.
그는 불행해졌다.

1. My friend is friendly.
2. Her dog was lovely.
3. It is getting late.
4. People get older.
5. Your parents won't[will not] get angry.
6. The apples are turning red.
7. Her face turned pale.
8. This well has run dry.
9. He looks young.
10. This candy tastes sweet.
11. The food smells bad.
12. That sounds strange.
13. This water feels cold.
14. Good medicine tastes bitter.
15. My teacher looked sad.
16. This cloth doesn't feel soft.
17. The coffee looked hot.
18. The sky looks dark.

Practice ❸ 보어 자리에 오는 동명사, to 부정사   p.29

나의 취미는 음악을 듣는 것이다.

1. Mike's hobby is playing[to play] computer games.
2. My hobby is playing[to play] the guitar.
3. My hope is becoming[to become] an astronaut.
4. His dream is traveling[to travel] around the world.
5. Her job is teaching[to teach] English.
6. Nick's habit is picking[to pick] his nose.

Practice ❹ 보어 자리에 오는 현재분사, 과거분사   p.30

그 영화는 놀랍다.
그들은 피곤해 보인다.

1. She was surprised.
2. The book sounds interesting.
3. This movie is boring.
4. We were confused.
5. The news was shocking.
6. I was tired.
7. They looked pleased.
8. The music is amazing.

STEP 3 뼈대 문장 살 붙이기

형용사로 명사 보어 수식하기   p.31

1. It was a lively class.
2. This must be a timely decision.
3. He was a lonely artist.
4. A cobra is a deadly snake.
5. It is not a friendly conversation.
6. It may be a silly[foolish] idea.
7. This is an ugly building.
8. She is an ugly girl.

and로 보어 연결하기   p.32

9. It is rainy and windy.
10. Her skin felt rough and dry.
11. Jack is noisy and silly.
12. The math teacher was young and friendly.
13. The apples look sweet and fresh.
14. The sky looks dark and cloudy.
15. The boy became lively and manly.
16. My hobbies are reading books and listening to music.
17. We were tired and bored.

PART 2 목적어 Ⅰ

STEP 1 개념잡기

1. 목적어를 필요로 하는 동사

Practice p.39

A
1. I bought some flowers.
   나는 꽃 몇 송이를 샀다.
2. The temperature has risen.
   온도가 올라갔다.
3. We set the table.
   우리는 상을 차렸다.
4. John broke the window yesterday.
   존은 어제 창문을 깼다.
5. I went to the library last weekend.
   나는 지난 주말에 도서관에 갔다.
6. The girl has blue eyes.
   그 소녀는 파란 눈을 가지고 있다.
7. He will marry her.
   그는 그녀와 결혼할 것이다.

8. That sounds great.
   그게 아주 좋겠는 걸.
9. He raised his glass.
   그는 잔을 들어올렸다.
10. Smoke was rising from the factory.
    공장에서 연기가 나오고 있었다.
11. We all want peace.
    우리는 모두 평화를 원한다.
12. Marian became a doctor.
    매리언은 의사가 되었다.

B
1. Raise 손을 드세요.
2. lay 이 책상에 책을 두지 마세요.
3. lays 새는 알을 낳는다.
4. rises 여름에는 태양이 빨리 뜬다.
5. laid 그녀는 아기를 침대에 눕혔다.
6. raise 그들은 왜 가격을 올렸니?
7. Lie 누워 쉬어라.
8. lay 나는 침대에 누웠다.

2. 목적어 자리에 오는 명사

Practice p.41

A
1. bag
2. bunches
3. glasses
4. cans
5. bar
6. loaf

B
1. a loaf of bread
2. two cups of coffee
3. a piece of information
4. five tubes of toothpaste
5. three glasses of juice
6. two pieces of pizza
7. four pieces of paper
8. two bottles of water

3. 목적어 자리에 오는 대명사

Practice p.43

A

인칭		인칭대명사			소유대명사
		주격	소유격	목적격	
단수	1인칭	I	my	me	mine
	2인칭	you	your	you	yours
	3인칭	he she it	his her its	him her it	his hers
복수	1인칭	we	our	us	ours
	2인칭	you	your	you	yours
	3인칭	they	their	them	theirs

B 1. two boys → them
나는 어제 두 소년을 만났다.

2. the book → it
나는 그 책이 필요하다.

3. some cheese → it
그녀는 치즈를 좀 샀다.

4. Sue → her
나는 수를 사랑한다.

5. some classes → them
우리는 수업이 몇 개 있다.

6. the man → him
나는 그 남자를 안다.

C 1. my computer → mine
내 컴퓨터를 사용할 거니?

2. her car → hers
그녀는 그녀의 차를 사랑한다.

3. Amy's purse → hers
그는 에이미의 지갑을 찾았다.

4. your pencil → yours
내가 네 연필을 써도 되겠니?

5. their umbrellas → theirs
나는 그들의 우산을 잃어버렸다.

6. his book → his
나는 그의 책을 빌렸다.

4. 목적어 자리에 오는 동명사, to 부정사

Practice   p.46

A 1. to see   2. to ask
3. to shout / shouting   4. cleaning
5. traveling   6. to write / writing
7. trying   8. to explain
9. waiting   10. to clean
11. to visit   12. to work / working
13. to run / running   14. opening

B 1. doing   2. working
3. cooking   4. helping
5. raining   6. asking

C 1. to go   2. to marry
3. to support   4. to pass
5. to lose   6. to buy

D 1. to help   2. to tell
3. visiting   4. to shout / shouting
5. closing   6. singing
7. to play / playing

STEP 2 뼈대 문장 만들기

Practice ❶ 목적어 자리에 오는 명사, 대명사   p.48

나는 그 책을 원한다.
나의 아버지는 그것들을 좋아하신다.

1. Koreans eat rice.
2. I have a headache.
3. He made a mistake.
4. Birds lay eggs.
5. I don't know them.
6. Jane doesn't like him.
7. We didn't break it.
8. She has to wear a school uniform.

Practice ❷ 목적어 자리에 오는 동명사   p.49

그녀는 운동을 보는 것을 즐긴다.
우리는 그녀에게 말하는 것을 멈췄다.

1. It kept raining.
2. My father stopped smoking.
3. Mary kept sneezing.
4. She enjoys meeting people.
5. They enjoy skiing.
6. I don't mind standing.
7. My mother finished cooking dinner.

Practice ❸ 목적어 자리에 오는 to 부정사   p.50

나는 그 책을 읽는 것을 원한다.
우리는 너와 함께 머물기로 결정했다.

1. I am planning to travel.
2. I want to buy a new cell phone.
3. I hope to see her.
4. We need to learn history.
5. He refused to help her.
6. He wants to be a designer.
7. Allen decided to leave here.
8. Gina decided to keep the promise.

Practice ❹ 목적어 자리에 동명사와 to 부정사가 모두 오는 경우   p.51

그녀는 책을 읽기 시작했다.

1. I like walking[to walk].
2. She started[began] working[to work].
3. It began[started] raining[to rain].
4. She tried losing weight.
5. He stopped drinking coffee.
6. Don't forget to clean your desk.
7. I can't remember meeting her.
8. They stopped to talk to her.

1. She was wearing flat shoes.
2. The houses have steep roofs.
3. I met a very thin boy.
4. Kate bought a very thick coat.
5. You should use thin slices of bread.
6. We could see very tiny stars.
7. The cook was looking for shallow dishes.

8. We had to decide the subjects to study.
9. He wants something to drink.
10. He borrowed a book to read.
11. Jake had many questions to ask.
12. The students don't have (any) time to play.
13. I brought some water to drink.
14. Did you buy anything to eat?

15. I couldn't remember his name at first.
16. She passed the test at last.
17. At least, I didn't forget to do my homework.
18. At most, he may have 1,000 won.
19. He broke my glasses on purpose.
20. I planned to buy some gifts on sale.
21. The man decided to go swimming on schedule.
22. The train started moving[to move] on time.
23. He tried to get the ticket in advance.
24. In the end, it started raining[to rain].
25. I loved riding[to ride] a bike in the past.
26. My mother finished cooking dinner in time.
27. You should borrow books in line.
28. In the future, this work will help you.
29. She solved the problem in the end.
30. I set the table in advance.

1. biting
2. 1) at   2) to   3) of
3. It is rainy
4. This smells bad.

5. We were tired and bored.
6. It is getting late.
7. ⓑ He looked confused.
8. be, idea
9. She is famous for her books.
10. lie
11. a, loaf, bread
12. three, glasses, juice
13. He enjoys meeting people.
14. I decided to tell him.
15. He wants something to drink.
16. Jake had many questions to ask.

PART 3 목적어 Ⅱ

STEP① 개념잡기

1. 목적어 자리에 오는 재귀대명사

A   1. myself 나는 다쳤다.
     2. herself 우리 엄마는 종종 (칼에) 베인다.
     3. herself 그녀는 자기 자신을 안다.
     4. himself 데이비드는 자신을 소개하고 있다.
     5. yourself 마음껏 먹어라.
     6. myself 나는 독학했다.
     7. herself 메리는 화상을 입었다.
     8. ourselves 우리는 우리 자신을 소개해야 한다.
     9. himself 그 남자는 자살했다.
     10. himself 그 남자는 자책했다.
     11. themselves 제이슨과 애나는 즐겁게 놀았다.
     12. herself 그 소녀는 자기 자신을 잘 모른다.

B   1. introduced myself
     2. enjoyed ourselves
     3. helped himself
     4. know yourself
     5. blamed herself
     6. teaching herself
     7. blame yourself

2. 목적어 자리에 오는 '의문사 + to 부정사'

Practice   p.63

A 1. what to buy   2. where to buy
   3. what to say   4. how to say
   5. what to wear   6. how to wear
   7. how to swim   8. how to cook
   9. when to stop   10. where to stop

B 1. where to go   2. when to leave
   3. how to swim   4. when to begin
   5. how to fish   6. what to eat

3. 목적어 자리에 오는 명사절

Practice   p.65

A 1. that she was smart 그녀가 똑똑했다는 것
   2. where he is 그가 어디에 있는지
   3. what your sister likes 너의 누내[여동생, 언니]가 무엇을 좋아하는지
   4. why she is crying 왜 그녀가 울고 있는지
   5. that you will come 네가 올 것이라는 것
   6. how he knew it 그가 어떻게 그것을 알았는지

B 1. Jane hates   2. that he came
   3. where Amy works   4. who wrote
   5. when, opens   6. why you were

STEP 2 뼈대 문장 만들기

Practice ❶ 목적어 자리에 오는 재귀대명사   p.66

나는 내 자신을 모른다.
그들은 그들 자신을 믿을 수 없다.
1. I cut myself.
2. He taught himself.
3. We enjoyed ourselves.
4. The boy may burn himself.
5. Help yourself.
6. The actress killed herself.
7. You have to introduce yourselves.
8. Don't blame yourself.

Practice ❷ 목적어 자리에 오는 '의문사 + to 부정사'   p.67

나는 자전거 타는 법을 배웠다.
그녀는 무엇을 할지를 몰랐다.
1. They decided where to stay.
2. I don't know what to eat.
3. Jenny knows how to swim.
4. I wonder when to finish it.
5. He forgot what to buy.
6. Do you know how to ride a bike?
7. Did he say when to come back?
8. She didn't know what to say.

Practice ❸ 목적어 자리에 오는 'that + 주어 + 동사'   p.68

나는 그녀가 올 것이라 믿는다.
그들은 그것이 문제라는 것을 모른다.
1. I know (that) the earth is round.
2. I thought (that) she was smart.
3. I hope (that) you will come tomorrow.
4. We didn't know (that) the class was over.
5. We found (that) he disappeared.
6. We hope (that) we can meet you again.
7. I believe (that) my parents love me.
8. People believe (that) he was a genius.

Practice ❹ 목적어 자리에 오는 '의문사 + 주어 + 동사'   p.69

그는 해리가 어디에 사는지를 안다.
그들은 사람들이 말하는 것을 믿을 수 없다.
1. I wonder who he is.
2. Can you remember who I am?
3. I don't know when they will come.
4. I know where she is now.
5. You don't know how happy I am now.
6. Do you know where he works?
7. I wonder why she is late.
8. I don't know what happened there.

STEP 3 뼈대 문장 살 붙이기

'전치사 + 재귀대명사'로 수식하기 Ⅰ   p.70

1. She was thinking to herself.
2. An old man is saying[talking] to himself.
3. Maria hums to herself.
4. I am swearing to myself.
5. I can't live by myself.
6. The students swore to themselves.
7. My sister is sitting by herself.
8. The man learned how to cook Italian food by himself.
9. You can't do it by yourself.
10. The woman is eating by herself.
11. I cleaned the house by myself.

12. She thinks for herself.

13. My uncle cooks for himself.

14. Can you finish this for yourselves?

15. My sister did it for herself.

16. The boy made a model plane for himself.

17. She couldn't decide anything for herself.

'전치사 + 재귀대명사'로 수식하기 II　p.72

18. Between ourselves, I don't like the teacher.

19. Between ourselves, I can't believe (that) she killed herself.

20. Between ourselves, they don't have to blame themselves.

21. Between ourselves, she didn't know (that) the class was over.

22. My friend didn't know what to do on her own.

23. I believe (that) you can do it on your own.

24. Babies learn how to walk on their own.

'전치사 + 재귀대명사'로 수식하기 III　p.74

25. In spite of her illness, she taught herself.

26. In spite of her old age, she learned how to surf.

27. My friend is learning how to design instead of English.

28. We decided what to eat instead of pizza.

29. I asked where to get off instead of my friend.

30. You have to learn how to open this door instead of your brother.

PART 4 간접목적어와 직접목적어

STEP 1 개념잡기

1. 수여동사

Practice　p.77

A　1. 2 / bring 너는 나한테 그 책을 가져다 줘야 한다.

2. 2 / teaches 그녀는 우리에게 영어를 가르쳐 준다.

3. 1 / 그 아기는 낮잠이 필요하다.

4. 2 / made 켄의 엄마는 그에게 초콜릿 케이크를 만들어주었다.

5. 1 / 나는 가격을 물어봤다.

6. 2 / told 마리아는 내게 그녀의 비밀을 말해 주었다.

7. 2 / asked 그녀는 학생들에게 그들의 이름을 물어봤다.

8. 1 / 찰스는 꽃 한 송이와 새 한 마리를 그렸다.

9. 2 / gave 이 선생님은 우리에게 과제를 내주셨다.

B　1. The man gave us medals.
그 남자는 우리에게 메달을 주었다.

2. She brought them the keys.
그녀는 그들에게 그 열쇠들을 가져다 주었다.

3. He read us a great story.
그는 우리에게 아주 재미있는 이야기를 읽어 주었다.

4. Please buy me the ticket.
제게 표를 사 주세요.

5. James showed Mike his cards.
제임스는 마이크에게 그의 카드들을 보여주었다.

6. I'm going to tell my family the news.
나는 우리 가족에게 그 소식을 말할 것이다.

2. 간접목적어와 직접목적어

Practice　p.79

A　1. I gave (the clerk) a ten dollar bill.
나는 그 점원에게 10달러짜리 지폐 한 장을 주었다.

2. David wouldn't tell (me) his secret.
데이비드는 나에게 그의 비밀을 말하려 하지 않았다.

3. Allen told (Jenny) his ideas.
앨런은 제니에게 그의 생각을 말했다.

4. My grandfather gave (me) his old watch.
나의 할아버지는 내게 그의 오래된 시계를 주셨다.

5. The teacher showed (us) how to draw animals.
그 선생님은 우리에게 동물 그리는 법을 보여주셨다.

6. Can you get (me) a ticket?
내게 표 좀 가져다 줄래?

7. I'll teach (you) how to read Chinese.
너한테 중국어 읽는 법을 가르쳐 줄게.

B　1. him a book　　2. us some water

3. me a pencil　　4. me a new dress

5. Greg a postcard　　6. me a bike

7. my brother how to swim

3. 4형식을 3형식으로 바꾸기

Practice　p.81

1. this pie for 그녀는 내게 이 파이를 만들어 주었다.

2. a pair of shoes for
나는 그에게 신발 한 켤레를 사 줄 것이다.

3. my notebook to 나는 메리에게 내 공책을 주었다.

4. the news to 나는 너한테 그 소식을 말해 줄 수 있다.

5. this meal for 그녀는 내게 이 식사를 만들어 주었다.

6. a message for 나는 그에게 메시지를 남겼다.

7. my umbrella for 그는 내게 내 우산을 찾아 주었다.

8. English to 그는 우리에게 영어를 가르쳐 줄지도 모른다.

9. some money to 나는 제시카에게 돈을 좀 빌려주었다.

10. some pictures to 너에게 사진 몇 장 보여줄게.

11. these letters to 나는 그들에게 이 편지들을 보내야 한다.

12. this book to 그녀는 그 아이들에게 이 책을 읽어 주었다.

그는 제인에게 그림을 보여주었다.
그녀는 학생들에게 영어를 가르쳐 줄 것이다.

1. ① He lent Jane his book.
   ② He lent his book to Jane.
2. ① A girl asked Mr. Kim a question.
   ② A girl asked a question of Mr. Kim.
3. ① Grace will buy her sister a present.
   ② Grace will buy a present for her sister.
4. ① Jim didn't tell Mike and Sue his plans.
   ② Jim didn't tell his plans to Mike and Sue.
5. ① You have to pay the clerk ten dollars.
   ② You have to pay ten dollars to the clerk.
6. ① Ken sold Roy his bike.
   ② Ken sold his bike to Roy.
7. ① My friend bought Carol soda.
   ② My friend bought soda for Carol.
8. ① He makes his wife coffee.
   ② He makes coffee for his wife.
9. ① Kelly told the teacher her secret.
   ② Kelly told her secret to the teacher.
10. ① You must show the police officer your passport.
    ② You must show your passport to the police officer.

제니는 그에게 그녀의 우산을 빌려줄지도 모른다.
제시카는 나에게 샌드위치 하나를 만들어줬다.

1. ① Get him a glass of water.
   ② Get a glass of water for him.
2. ① Find me my glasses.
   ② Find my glasses for me.
3. ① He sent her flowers.
   ② He sent flowers to her.
4. ① Mr. Lee asked them some questions.
   ② Mr. Lee asked some questions of them.

그 남자가 너에게 영어 읽는 법을 가르쳐 줄 것이다.
그녀가 나에게 무엇을 해야 하는지 말해줬다.

1. Tell your friends when to move.
2. I asked him what to do.
3. She taught her brother how to ride a bike.
4. He asked his mother what to wear.
5. She told us where to go.
6. We will teach them how to play tennis.
7. Can you show me how to use it?
8. She will tell you where to meet.
9. The dancer showed us how to dance.
10. The player taught Mike how to kick a ball.
11. I will ask our teacher what to make.
12. I didn't tell the children what to see.
13. She will tell you where to get off.
14. The study shows us what to eat.

1. He may ask you a favor eagerly.
2. Kate brought me the vase carefully.
3. I asked her the questions happily.
4. I have to pass him this report quickly.
5. We told them the news loudly.
6. He told his friend the reason quietly.
7. Nancy asked the teacher a question quietly.
8. The patient asked the doctor a favor patiently.
9. The American may teach you English well.
10. She won't[will not] lend us any money easily.
11. My friend found me my umbrella quickly.
12. The man showed the detective some pictures carefully.
13. You should send him the letter quickly.
14. She cooked us chicken soup fast.
15. I asked her the questions patiently.

16. She asked me a favor as a friend.
17. Grace made me a cake as a birthday present.
18. Mr. Lee taught the children English as an English teacher.
19. She had to tell everyone the news as a Korean.
20. We gave him some advice as his friends.
21. My parents will buy me a new watch as a Christmas present.

22. ① I have to show the teacher this picture.

② I have to show this picture to the teacher in the classroom.

23. ① I will send my uncle this card.

② I will send this card to my uncle in London.

24. ① She left her friend a message.

② She left a message for her friend on vacation.

25. ① Can you take your brother this soup?

② Can you take this soup to your brother on his bed?

26. ① We have to find the woman luggage.

② We have to find luggage for the woman with long hair.

27. ① The government will make the children a library.

② The government will make a library for the children in the city.

28. ① We showed the old woman the way.

② We showed the way to the old woman across the road.

29. ① Andy gave the dog a bone.

② Andy gave a bone to the dog on a chain.

30. ① She will read the children a book.

② She will read a book to the children at the exhibition.

31. ① She will buy her son a toy.

② She will buy a toy for her son in New York.

32. ① He will buy his parents a new house.

② He will buy a new house for his parents in his hometown.

33. ① I sent my father a big card.

② I sent a big card to my father in China.

PART 5 목적보어

STEP 1 개념잡기

1. 목적어를 보충해 주는 목적보어

Practice p.95

A 1. Music / makes / me / happy.
음악은 나를 행복하게 해준다.

2. She / had / him / wash the dishes.
그녀는 그가 설거지를 하게 했다.

3. I / had / my brother / clean the room.
나는 내 남동생이 방을 청소하도록 했다.

4. I / found / the book / interesting.
나는 그 책이 흥미롭다는 것을 알았다.

5. I / saw / him / leave the room.
나는 그가 그 방을 떠나는 것을 보았다.

6. I / want / you / to help me.
나는 네가 나를 도와주기를 원한다.

7. My teacher / told / us / to be careful.
우리 선생님은 우리에게 조심하라고 말씀하셨다.

8. Steve / let / me / use his bike.
스티브는 내가 그의 자전거를 쓰는 것을 허락했다.

9. I / didn't expect / you / to come here.
나는 네가 여기에 올 거라고 기대하지 않았다.

10. She / asked / me / to lend her some money.
그녀는 내게 돈을 좀 빌려 달라고 부탁했다.

11. I / will let / you / know about the result.
나는 네가 그 결과에 대해 알게 해줄 것이다. [네게 그 결과에 대해 알려 줄 것이다.]

B 1. made us sad
그 뉴스는 우리를 슬프게 했다.

2. want you to look at this
나는 네가 이것을 보기 원한다.

3. think Sarah a good friend
우리는 사라가 좋은 친구라고 생각한다.

4. makes me laugh
그 만화는 나를 웃게 한다.

5. let her use his phone
그 소년은 그녀가 그의 전화기를 사용하도록 허락했다.

6. hear you play the piano
당신이 피아노 연주하는 걸 들어 볼 수 있을까요?

2. 목적보어 자리에 오는 명사와 형용사

Practice p.97

A 1. They keep the street clean.
그들은 거리를 깨끗하게 유지한다.

2. The long walk made us tired.
장시간의 걷기가 우리를 지치게 했다.

3. They considered him a criminal.
그들은 그를 범인으로 여겼다.

4. They elected her president.
그들은 그녀를 대통령으로 선출했다.

5. We thought the dog smart.
우리는 그 개가 영리하다고 생각했다.

6. We found the game exciting.
우리는 그 경기가 흥미진진하다는 것을 알았다.

7. NASA found the astronauts healthy.
나사는 그 우주 비행사들이 건강하다는 것을 알았다.

B 1. him an idiot 2. the doctor Bones

3. me Maria 4. us happy

5. the door red 6. it strange

3. 목적보어 자리에 오는 to 부정사와 원형 부정사

Practice p.99

A 　1. to explain　　2. to know
　　3. leave　　　　4. play
　　5. work　　　　6. fix
　　7. to use　　　 8. sing
　　9. go　　　　　 10. shake

B 　1. me decide　　 2. her to forget
　　3. you to meet　 4. them shout
　　5. us to go　　　 6. you to help

STEP 2 뼈대 문장 만들기

Practice ① 목적보어가 명사인 문장 만들기 p.100

나는 내 애완동물을 친구라고 생각한다.
그녀는 그녀의 아들을 운동선수로 만들었다.
1. The Americans elected Obama president.
2. People consider him a millionaire.
3. I don't think myself a genius.
4. We chose him chairman.
5. My friends called me Bruce.
6. The sailors named the ship Queen Mary.

Practice ② 목적보어가 형용사인 문장 만들기 p.101

나는 내 애완동물이 매우 영리하다고 생각한다.
그녀는 그 가방이 매우 비싸다는 것을 알게 되었다.
1. She painted her room green.
2. Every test makes me nervous.
3. I consider him honest.
4. The police keep the streets safe.
5. Hot weather makes people tired.
6. The scientist found the cave mysterious.

Practice ③ 목적보어가 to 부정사인 문장 만들기 p.102

캐시는 내가 그녀와 함께 머무는 것을 허락했다.
나는 네가 뭔가 하기를 원한다.
1. I want you to come early.
2. They forced him to tell the truth.
3. She advised her husband to buy it.
4. I asked Jake to help us.
5. My sister allowed me to wear her coat.
6. We expect you to join the team.

Practice ④ 목적보어가 원형 부정사인 문장 만들기 p.103

제인은 그가 말하게 했다.
나는 네가 노래 부르는 것을 들었다.
1. Her parents made her wear pants.

2. They had John come back.
3. She had her children do the dishes.
4. Peter let his friend drive his new car.
5. My father will not[won't] let me go to the party.
6. The teacher made the students read the book.
7. I saw him enter the room.
8. They felt the building shake.
9. We heard you tell the secret.
10. The coach watched them play baseball.
11. Silvia heard them sing.
12. I could feel the wind blow.
13. The boy watched the lion run.
14. I watched the singer sing.

STEP 3 뼈대 문장 살 붙이기

전치사구로 수식하기 p.105

1. His voice on the phone makes me nervous.
2. A woman at the supermarket heard the door open.
3. All (the) fans at the concert watched the singer sing.
4. People at the party watched her sing.
5. A teacher with short hair ordered them to clean the classroom.
6. All (the) women at the party watched him dance.
7. A woman with glasses asked us to help the old man.
8. A child at the bank saw the thief steal the wallet.
9. The people at the airport felt the building shake.
10. That actor on television[TV] considers himself a top star.
11. A man with a suitcase advised us to buy the books.
12. The hot air in the classroom made the students tired.
13. The boys on the plane saw clouds move.

관용어구로 살 붙이기 p.107

14. We expected him to stop the car on our[the] way.
15. She wants Mary to take Ben on her[the] way to school.
16. I saw him cross the road on my[the] way home.
17. You have to keep it a secret with all your heart.
18. He wants me to help his friends with all my heart.
19. They expected the team to win the game with all their heart.

10

20. My parents let me travel alone for the first time.

21. Carol let her friend drive her new car for the first time three days ago.

22. They elected her president for the first time in 2010.

23. She saw some trees fall down for the first time.

24. He told me to understand him with all my heart.

실전테스트 (Part 3-5)

서술형 주관식 평가 ❷   p.109

1. himself

2. decided what to cook

3. know when to turn off

4. We found that he disappeared.

5. that she likes me

6. me the book

7. the picture to him

8. ⓐ make, buy, bring   ⓑ lend, send

9. I gave him a book.[I gave a book to him.]

10. I asked her the question quietly.

11. She asked me to help her.

12. They let her leave.

13. Your song makes me happy.

14. 1) People watched her sing.
    2) She made her children do the dishes.

15. on my[the] way home

16. Hot weather makes us tired.

PART 6 형용사 역할의 수식어

STEP 1 개념잡기

1. 명사를 꾸며 주는 형용사

Practice   p.113

A **1.** something new

2. any famous people

3. an old church

4. its short legs

5. those dark clouds

6. three meters long

7. her beautiful smile

8. nothing wrong

9. six inches thick

10. thirteen years old

B **1.** 8,848 meters high

2. one inch thick

3. four meters deep

4. fifteen centimeters long

5. twelve years old

6. five feet high

7. something important

8. someone tall

2. 명사를 꾸며 주는 to 부정사

Practice   p.115

1. to see   **2.** to play with

3. to write with   **4.** to keep

5. to attend   **6.** to sit on

7. to do   **8.** to send

9. to follow   **10.** to spend

11. to stay at   **12.** to complete

13. to pay   **14.** to please her

3. 명사를 꾸며 주는 현재분사

Practice   p.117

1. ① dancing   ② dancing, stage

2. ① standing   ② standing, door

3. ① sleeping   ② sleeping, bed

4. ① cooking   ② cooking, kitchen

5. ① crying   ② crying, street

6. ① waiting   ② waiting outside

7. ① barking   ② barking, tree

8. ① studying   ② studying, library

4. 명사를 꾸며 주는 과거분사

Practice   p.119

1. ① painted   ② painted, red

2. ① boiled   ② boiled, night

3. ① arrested   ② arrested, police

4. ① invited   ② invited, party

5. ① fallen   ② fallen, ground

6. ① written   ② written, English

7. ① bored   ② bored, movie

8. ① broken   ② broken, her

기적의 문법+영작 ② **11**

5. 명사를 꾸며 주는 전치사구

Practice   p.121

1. book on, floor
2. milk on, table
3. bag under, table
4. umbrella in, bin
5. cousin from Seoul
6. letter to, school
7. bridge over, river
8. legs of, desk
9. facts about, history
10. answer to, question
11. boy with, hair
12. ball between, boxes
13. news from him
14. tree behind, house
15. advice for them
16. chair next to, desk

STEP 2 뼈대 문장 만들기

형용사 역할을 하는 다양한 수식어

Quick Check ❶   p.122

1. wild
2. with, long
3. jumping
4. injured
5. from
6. to play
7. fallen
8. climbing, tree

Quick Check ❷   p.123

1. old
2. white, on, floor
3. buy
4. ringing
5. lost
6. ringing during
7. used at
8. next to, sleeping

Practice ❶   주어 자리의 명사 수식하기   p.124

1. ① The sleeping girl is my sister.
   ② The girl sleeping on the sofa is my sister.
   ③ The short girl with a yellow bag is my sister.
2. ① There are some difficult problems.
   ② There are some problems to solve.
   ③ There are some difficult problems introduced by the scientist.
3. ① The crying child is six years old.
   ② The child crying on the street is six years old.
   ③ The bored child sitting by the fire is six years old.

4. ① The smiling teacher is an American.
   ② The teacher injured in the accident is an American.
   ③ The English teacher jogging in the park is an American.
5. ① The wounded soldiers were marching.
   ② The brave soldiers wounded in the war were marching.
   ③ The tired soldiers with heavy bags were marching.
6. ① The famous reporter visited our school.
   ② The reporter to interview you visited our school.
   ③ The tall reporter standing over there visited our school.

Practice ❷   목적어 자리의 명사 수식하기   p.126

1. ① I like the dancing girl.
   ② I like the girl waiting outside.
   ③ I like the girl with a big smile.
2. ① I need someone interesting.
   ② I need someone to help me.
   ③ I need someone living near the school.
3. ① He found nothing wrong.
   ② He found nothing to eat.
   ③ He found nothing to tell her.
4. ① I have some important reasons.
   ② I have some reasons to meet him.
   ③ I have some reasons to keep the secret.
5. ① He has no friends to talk to.
   ② He has no friends to support him.
   ③ He has no friends to play with.
6. ① I am drawing the rising sun.
   ② I am drawing the sun rising over the hill.
   ③ I am drawing the sun staying in the sky.

Practice ❸   보어 자리의 명사 수식하기   p.128

1. ① He was the first man to visit the moon.
   ② He was the first man to climb the mountain.
   ③ He was the first man to travel around the world.
2. ① Who is the boy shouting in the room?
   ② Who is the boy playing baseball with Mike?
   ③ Who is the boy reported on TV?
3. ① This is the window broken yesterday.
   ② This is the window to fix right now.
   ③ This is the clean window wiped by my brother.

PART 7 부사 역할의 수식어

STEP 1 개념잡기

1. 부사 역할을 하는 전치사구

Practice   p.131

A 1. early every morning
매일 아침 일찍

2. with my family in winter
겨울에 우리 가족과 함께

3. to school on foot every day
매일 걸어서 학교에

4. late last night
어젯밤 늦게

5. to the museum in London
런던에 있는 박물관에

6. in the library with friends every day
매일 친구들과 도서관에서

7. by subway at seven in the morning
아침 7시에 지하철을 타고

8. in Seoul for three days last week
지난주에 3일 동안 서울에서

B 1. to the library in the afternoon

2. by train tomorrow

3. happily with his brothers

4. to him on the phone

5. home after school

6. on the first Monday in March

7. at a factory in China

8. in New York at five tomorrow

2. 부사 역할을 하는 to 부정사 I

Practice   p.133

A 1. to join the contest

2. to lose weight

3. to please us

4. to make money

5. to help others

6. to pass the test[exam]

7. to catch the bus

8. to win first place

B 1. to hear the news

2. to meet you again

3. to win the game

4. to solve the problem[question]

5. to fail the exam[test]

6. to sing on the stage

7. to return home

8. to see her

3. 부사 역할을 하는 to 부정사 II

Practice   p.135

A 1. to catch   2. to get up

3. to read   4. to move[carry]

5. to pass   6. to touch

B 1. to see[watch] the game

2. to believe it

3. to get the ticket

4. to forget it all

C 1. 그 소식을 듣게 되어서

2. 기쁘게 하기에

3. 고함을 지르다니

4. 미술을 공부하기 위해

5. TV를 볼

6. 도움을 요청할 것을

7. 살

4. 부사 역할을 하는 to 부정사 III

Practice   p.137

A 1. old enough, go

2. loud enough, hear

3. warm enough, go

4. well enough, win

5. honest enough, tell

6. smart enough, solve

B 1. too young to go

2. too full to eat

3. too busy to help

4. too tired to walk

5. too late to have[eat]

6. too fast to understand

STEP 2 뼈대 문장 만들기

부사 역할을 하는 다양한 수식어

Quick Check   p.139

1. to, in
2. in, in
3. in, next
4. on
5. with, yesterday
6. to, to
7. in, to
8. by, to
9. to hear
10. to see
11. to learn
12. easy to
13. tall, to ride
14. too, to play
15. too, to
16. old enough

Practice 다양한 부사구로 수식하기   p.140

1. ① I study in my room every evening.
   ② I study to pass the exam.
   ③ I study hard to become[be] a lawyer.
2. ① We arrived in China last week.
   ② We arrived at five to join the contest.
   ③ We arrived at the city hall to meet mayor.
3. ① I was swimming in the river at that time.
   ② I was swimming in the pool at three yesterday.
   ③ I was swimming to lose weight.
4. ① He ran fast after me.
   ② He ran hard to catch the bus.
   ③ He ran fast enough to catch up with us.
5. ① The man lives in the country with his family.
   ② The man lives here to help others.
   ③ The man lives too far to visit.
6. ① I got up at six this morning.
   ② I got up early to catch the first train.
   ③ I got up too late to see[watch] the game.
7. ① My brothers were disappointed in the morning last week.
   ② My brothers were disappointed to lose the game.
   ③ My brothers were too disappointed to say anything.
8. ① This book is difficult to understand.
   ② This book is difficult to get in my country.
   ③ This book is too difficult to read.
9. ① This machine is dangerous to use.
   ② This machine is dangerous to move to the factory.
   ③ This machine is too dangerous to use.
10. ① The child is old to play with this toy.
    ② The child is old enough to go to school.
    ③ The child is too old to wear this coat.
11. ① I bought a notebook at the store yesterday.
    ② I bought a notebook to give you.
    ③ I bought a notebook to write on.
12. ① I need the key early tomorrow morning.
    ② I need the key to open the door.
    ③ I need the key tonight to enter the house.
13. ① He is learning English hard with his friends.
    ② He is learning English to travel abroad.
    ③ He is learning English hard enough to pass the test.
14. ① They read books in the classroom for ten minutes every morning.
    ② They read books every day to build reading habits.
    ③ They read books too fast to understand well.
15. ① Bill spent all his money at the shopping mall last Friday.
    ② Bill spent all his money to buy a present.
    ③ Bill spent all his money last night to download new songs.

실전테스트 (Part 6-7)

서술형 주관식 평가 ❸   p.145

1. There are some problems to solve.
2. Do you know the singing girl?
3. The sleeping girl is my sister.
4. 1) We need a chair to sit on.
   2) I need a pen to write with.
5. I like the girl waiting outside.
6. Did you meet any famous people?
7. I've got an email written in English.
8. 1) with   2) to
9. 1) He stayed at the hotel in Seoul.
   2) She called me at seven in the morning.
10. 1) to meet you   2) to learn
11. fast enough to catch the bus
12. 1) to win the game
    2) to eat more
13. 1) 나는 그 소식을 듣게 되어 유감이다.
    2) 나는 TV를 볼 시간이 없다.
14. He watched TV late last night.
15. You must be foolish to believe it.
16. hot, eat

PART 8 비교 표현

STEP 1 개념잡기

1. 원급, 비교급, 최상급

Practice p.149

A
1. colder – coldest
2. deeper – deepest
3. longer – longest
4. shorter – shortest
5. older – oldest
6. younger – youngest
7. smaller – smallest
8. stronger – strongest
9. darker – darkest
10. cleaner – cleanest
11. warmer – warmest
12. sweeter – sweetest
13. faster – fastest
14. slower – slowest
15. cheaper – cheapest
16. harder – hardest
17. higher – highest
18. sooner – soonest

B
1. larger – largest
2. nicer – nicest
3. safer – safest
4. wiser – wisest

C
1. easier- easiest
2. earlier – earliest
3. drier – driest
4. happier – happiest
5. heavier – heaviest
6. lazier – laziest
7. prettier – prettiest
8. noisier – noisiest

D
1. bigger – biggest
2. hotter – hottest

E
1. good
2. well, best
3. many[much], more
4. little, least
5. bad
6. ill, worst

F
1. more careful – the most careful
2. more beautiful – the most beautiful
3. more important – the most important
4. more polite – the most polite
5. more expensive – the most expensive
6. more famous – the most famous
7. more popular – the most popular
8. more exciting – the most exciting
9. more comfortable – the most comfortable
10. more handsome – the most handsome
11. more interesting – the most interesting
12. more difficult – the most difficult

2. 원급을 이용한 비교

Practice p.153

A
1. busy, a bee
2. brave, a lion
3. hard, a rock
4. cool, a cucumber
5. sweet, honey
6. old, the hills
7. white, snow
8. easy, pie

B
1. as fast as me
2. as smart as her
3. as nervous as us
4. as interesting as them

C
1. well, possible
2. early, possible
3. long, possible
4. high, possible
5. much, possible
6. soon, possible

3. 비교급을 이용한 비교

Practice p.155

A
1. more than
2. earlier than
3. bigger than
4. noisier than
5. worse than
6. longer than
7. more popular than
8. more interesting than
9. more expensive than
10. more difficult than

B
1. sweeter than honey
2. more interesting than that
3. older than Rome
4. a nicer hotel than this
5. more comfortable than before
6. more than we think

4. 최상급을 이용한 비교

Practice p.157

A
1. the tallest in
2. best of
3. the busiest of
4. the most popular, in
5. the most expensive, in
6. the richest, in

7. the most important, in

B 1. the longest river in the world
2. the highest mountain in the world
3. the most handsome of my friends
4. the most money in 2010
5. the hottest month in a year
6. the most important thing in life

STEP 2 뼈대 문장 만들기

원급, 비교급, 최상급으로 비교 문장 만들기

Quick Check   p.159

1. very long   2. long
3. longer than   4. much[a lot], than
5. the longest   6. very
7. as possible   8. much[a lot]
9. sooner than   10. very
11. as, as   12. more than
13. more, more   14. most

Practice   다양한 비교 표현으로 수식하기   p.160

1. ① I get up very early.
   ② I get up as early as possible.
   ③ I get up much[a lot] earlier than my mother.
2. ① The team played very well.
   ② The team played much[a lot] better than your team.
   ③ The team played best in Europe.
3. ① The man works as hard as an ant.
   ② The man works harder than anyone else.
   ③ The man works hardest of them.
4. ① I don't eat as much as you.
   ② I don't eat more than you.
   ③ I don't eat most in my class.
5. ① Jump as high as possible.
   ② Can you jump as high as me?
   ③ Can you jump higher than this table?
6. ① Today is as cold as yesterday.
   ② Today is much[a lot] colder than yesterday.
   ③ Today is the coldest day in[of] this year.
7. ① The work is very easy.
   ② The work is as easy as pie.
   ③ The work is much[a lot] easier than you think.
8. ① My brother is as tall as me.
   ② My brother is taller than you.

③ My brother is the tallest of his friends.
9. ① Your English is much[a lot] better.
   ② Your English is getting better and better.
   ③ Your English is the best of us all.
10. ① This building is as old as the hills.
    ② This building is older than you.
    ③ This building is the oldest in this city.
11. ① I need something more interesting.
    ② I need something better.
    ③ I need something hotter.
12. ① I saved as much money as possible.
    ② I saved less money than I planned.
    ③ I saved much[a lot] more money than you.
13. ① I know them as well as you.
    ② I know them better than you.
    ③ I know them best.
14. ① The author reads as many books as possible.
    ② The author reads more books than us.
    ③ The author reads the most books of us all.
15. ① He watched a very exciting game.
    ② He watched a much more exciting game than before.
    ③ He watched the most exciting game in his life.

PART 9 부사절

STEP 1 개념잡기

1. 두 문장을 연결하는 접속사

Practice   p.167

A 1. and   2. so
3. or   4. but
5. after   6. before
7. when   8. because
9. while   10. if
11. since   12. though[although]

B 1. or   2. and
3. so   4. though[although]
5. before   6. when
7. while   8. because
9. since   10. when
11. while   12. since

16

2. 시간을 나타내는 부사절

Practice p.169

A 1. When I went out (내가 외출했을 때)
2. when she leaves (그녀가 떠날 때)
3. before you go (네가 가기 전에)
4. before it's too late (너무 늦기 전에)
5. After Mary graduated (메리는 졸업한 후에)
6. while you wait (네가 기다리는 동안)

B 1. will get → get
네가 내일 돌아오면 내게 전화해.
2. will arrive → arrives
그녀가 도착한 후에 내게 전화해라.
3. will be → are
네가 휴가 가 있을 동안 네가 보고 싶을 거야.
4. will work → works
그는 해외 근무를 하는 동안 호텔에 머물 예정이다.
5. will go → go
나가기 전에 그 문을 닫아 주세요.

C 1. when they heard
2. when you're
3. after Mary opened
4. before I go
5. while he is swimming

3. 시간과 이유를 나타내는 부사절

Practice p.171

A 1. Because it was raining
(비가 내리고 있었기 때문에)
2. because he was thirsty
(그는 목이 말랐기 때문에)
3. since her father died
(그녀의 아버지가 돌아가신 지[돌아가신 이후로])
4. since they were in kindergarten
(그들이 유치원을 다닌 이후로)

B 1. since   2. because
3. Because   4. since
1. 점심시간부터 계속 비가 내리고 있다.
2. 집에 먹을 것이 없었기 때문에 우리는 외식했다.
3. 그들은 내 근처에 살기 때문에 나는 그들을 자주 본다.
4. 우리 삼촌은 1999년부터 시카고에 살고 계신다.

C 1. since you met
2. because we were
3. since they moved
4. because I missed

4. 조건과 양보를 나타내는 부사절

Practice p.173

A 1. if we take the bus (우리가 그 버스를 탄다면)
2. If I can get the ticket (그 표를 구할 수 있다면)
3. if it is fine tomorrow (내일 날씨가 좋다면)
4. Though it was raining (비가 오고 있었는데도)
5. though the story was silly (그 이야기는 유치했지만)

B 1. if   2. Though
3. if   4. If
5. though
1. 네가 걷고 싶지 않다면 우리는 버스를 타도 돼.
2. 나는 매우 피곤한데도 불구하고, 잘 잘 수 없었다.
3. 더 열심히 노력하지 않는다면 너는 시험에 통과하지 못할 것이다.
4. 비가 그치지 않으면 나는 외출하지 않을 거야.
5. 나는 여전히 몸이 좋지 않았지만 학교에 갔다.

C 1. if you are
2. though they are
3. though she looks
4. if she needs
5. though my parents bought

STEP 2 뼈대 문장 만들기

부사 역할의 접속사절

Quick Check ❶ p.175
1. when I met   2. before he meets
3. after we met   4. since I met
5. while they meet   6. because she may meet
7. if you meet   8. though he met

Quick Check ❷ p.175
1. when we go
2. before you leave
3. after your friends arrive
4. since I moved
5. because it was raining
6. if you eat
7. though your homework is

1. ① While she studies, she listens to music.

  ② When she feels nervous, she listens to music.

  ③ Before she goes to bed, she listens to music.

2. ① You can sit here after the show is over.

  ② You can sit here if you want.

  ③ You can sit here though they are here.

3. ① The girl cried when she heard the news.

  ② The girl cried because she lost her dog.

  ③ The girl cried though her parents came to see her.

4. ① I couldn't sleep after I drank a cup of coffee.

  ② I couldn't sleep since two last night.

  ③ I couldn't sleep though I was very tired.

5. ① We will be ready when you are ready.

  ② We will be ready before the party starts.

  ③ We will be ready though they can't help us.

6. ① The room will look neat after we clean it.

  ② The room will look neat if you paint it again.

  ③ The room will look neat though it was not cleaned.

7. ① While the exhibition was held, the hotels were always full up.

  ② Because the beach was very good, the hotels were always full up.

  ③ Though the services were poor, the hotels were always full up.

8. ① After you pass this test, you can be a member.

  ② If you make this card, you can be a member.

  ③ Though you don't know all the rules, you can be a member.

9. ① We play soccer when we feel bored.

  ② We play soccer if it doesn't rain or snow.

  ③ We play soccer though it rains.

10. ① People say hello when they answer the phone.

  ② People say hello if they meet each other on the street.

  ③ People say hello though they don't know each other well.

11. ① Can I see Ben after this class is over?

  ② Can I see Ben though the class isn't over?

  ③ Can I see Ben if he is at school now?

12. ① I cannot wear these shoes after she tried them on.

  ② I cannot wear these shoes because they are too small.

  ③ I cannot wear these shoes though they look pretty.

13. ① I cannot go out while dinner is ready.

  ② I cannot go out if Ben doesn't help me.

  ③ I cannot go out though you want.

14. ① She bought a car when she found a job.

  ② She bought a car because she couldn't take a bus or a subway.

  ③ She bought a car though she couldn't drive well.

15. ① I read some books while I was waiting for them.

  ② I read some books because I had to write a report.

  ③ I read some books though I had no time.

PART 10 형용사절

STEP 1 개념잡기

1. 형용사 역할을 하는 관계대명사절

A

1. which	2. who
3. that	4. that, which
5. which	6. who, whom
7. that	8. who
9. that, which	10. who, that
11. who	12. who
13. which	14. which, that
15. that, whom	

1. 세 마리 새끼 고양이가 있는 고양이

2. 역사를 가르치는 선생님

3. 다친 어린 여자 아이

4. 바닥에 놓여 있는 소포

5. 할인 판매 중인 양말

6. 우리가 어제 본 아이

7. 그 사고를 목격한 두 남자

8. 빨간 스웨터를 입고 있는 소년

9. 탁자 위에 있는 음식

10. 네가 좋아하는 여자 아이

11. 다리가 부러진 소년

12. 그림을 잘 그리는 미국인 화가

13. 높이 날 수 있는 새

14. 아프리카에 사는 야생 동물

15. 네가 만나려는 의사

B
1. (who) you met yesterday (네가 어제 만났던)
2. (which) he is carrying (그가 가지고 다니는)
3. (which) you wanted (네가 원했던)
4. (who) we work with (우리가 함께 일하는)
5. (who) can speak six languages (6개국어를 말할 수 있는)
6. (who) knows you well (너를 잘 아는)
7. (which) flies (나는)
8. (that) is 100 years old (100년 된)
9. (that) works in the bakery (빵집에서 일하는)
10. (who) broke the window (창문을 깬)
11. (that) lives next door (옆집에 사는)
12. (that) I must tell you (네게 말해 줘야 하는)
13. (who) saw the movie (그 영화를 본)
14. (that) Mom had made herself (엄마가 직접 만드신)
15. (which) I wanted to buy (내가 사고 싶어했던)

2. 주격 관계대명사

Practice   p.188

A
1. who is standing there is my sister
2. who sang at the concert has a good voice
3. the boy who helped me
4. an English class which begins at 3
5. a man who has just returned from America
6. is a problem which is difficult to solve
7. a photo of my friends who traveled with me
8. who walked into the classroom didn't say anything
9. who drew this picture is an actress
10. who sang at the concert yesterday were wonderful

1. 거기에 서 있는 여자 아이는 내 여동생이다.
2. 콘서트에서 노래 부른 여자는 목소리가 좋다.
3. 나를 도와 준 소년에게 감사했다.
4. 3시에 시작하는 영어 수업이 있다.
5. 나는 미국에서 방금 돌아온 남자를 만날 것이다.
6. 퍼즐은 풀기 어려운 문제이다.
7. 여기 나와 함께 여행한 내 친구들의 사진이 있다.
8. 교실 안으로 걸어 들어온 사람들은 아무말도 하지 않았다.
9. 이 그림을 그린 여자는 여배우다.
10. 어제 콘서트에서 노래 부른 가수들은 훌륭했다.

B
1. which is barking
2. who broke the window
3. which live
4. who helped us
5. who came

6. who were late
7. which arrives
8. which bloom
9. who is dancing
10. which have long legs
11. which lived
12. who sits
13. who doesn't eat meat
14. who has been ill
15. who is wearing a black suit

3. 목적격 관계대명사

Practice   p.192

A
1. find the book (which) you wanted
2. (which) my mom made was too salty
3. is a woman (who) I love most in the world
4. the pen (which) I bought yesterday
5. the news (which) I heard from her
6. (which) I found on the Internet was useful
7. (who) Mike met on his way was a teacher
8. (which) I bought at the store were expensive
9. (which) we ate at school today was delicious
10. the music (which) I listened to last night

1. 네가 원하던 그 책을 찾았니?
2. 우리 엄마가 만든 수프는 너무 짰다.
3. 우리 어머니는 내가 세상에서 가장 사랑하는 여자이다.
4. 나는 어제 산 펜을 잃어버렸다.
5. 나는 그녀에게 들은 그 소식을 믿을 수가 없다.
6. 내가 인터넷에서 찾은 정보는 유용했다.
7. 마이크가 도중에 만난 여자는 선생님이었다.
8. 내가 그 가게에서 산 신발은 비쌌다.
9. 우리가 오늘 학교에서 먹은 점심은 맛있었다.
10. 나는 어젯밤에 들었던 그 음악을 무척 좋아한다.

B
1. (which) he drives
2. which live in the river
3. which arrives at three
4. (which) you are eating[having]
5. (which) the girl is wearing
6. which bloom in fall[autumn]
7. which have long legs
8. (which) the man is wearing
9. (which) you bought yesterday
10. (which) we saw
11. (which) they saw
12. which lived in the past

13. (which) he did

14. (which) I am looking for

15. (which) you are interested in

STEP 2 뼈대 문장 만들기

형용사 역할의 관계대명사절

Quick Check p.195

1. who is singing

2. who is looking

3. (who) she is speaking

4. who live

5. (who) you take care of

6. which is

7. which came

8. (which) I'm scared

9. (which) I like

10. (which) you are interested

Practice 관계대명사절로 수식하기 p.196

1. ① Two people who[that] wore white caps came.

   ② Two people who[that] looked tired came.

   ③ Two people (who[whom / that]) you met yesterday came.

2. ① The airplane which[that] left yesterday is going to arrive on time.

   ② The airplane (which[that]) I was waiting for is going to arrive on time.

   ③ The airplane (which[that]) we took to Hong Kong is going to arrive on time.

3. ① The tiny bird which[that] can fly high lives in Cuba.

   ② The tiny bird which[that] has a red bill lives in Cuba.

   ③ The tiny bird (which[that]) you saw on TV lives in Cuba.

4. ① The children who[that] were invited to the party played outside.

   ② The children who[that] were late for class played outside.

   ③ The children who[that] didn't want to eat lunch played outside.

5. ① The shoes (which[that]) I wanted to buy were expensive.

   ② The shoes (which[that]) you saw at the store were expensive.

   ③ The shoes which[that] were displayed at the store were expensive.

6. ① The boy who[that] is standing over there is not my brother.

   ② The boy who[that] has just arrived is not my brother.

   ③ The boy (who[whom / that]) you saw on the street is not my brother.

7. ① The car (which[that]) the man is driving now is new.

   ② The car which[that] is parked by the gate is new.

   ③ The car (which[that]) they are washing is new.

8. ① The work (which[that]) we have to do is very easy.

   ② The work (which[that]) he wants is very easy.

   ③ The work (which[that]) she is going to give you is very easy.

9. ① English is the subject (which[that]) I like most.

   ② English is the subject (which[that]) most Korean students are learning.

   ③ English is the subject (which[that]) I am interested in.

10. ① They have some money (which[that]) you gave them yesterday.

    ② They have some money which[that] is against the law.

    ③ They have some money (which[that]) they will use to help the poor.

11. ① I met some people who[that] like K-pop.

    ② I met some people who[that] know you well.

    ③ I met some people who[that] were very kind to us.

12. ① Did you find the book (which[that]) you wanted to read?

    ② Did you find the book (which[that]) you have to read?

    ③ Did you find the book (which[that]) you borrowed from your friend?

13. ① I've lost the pen (which[that]) I bought yesterday.

    ② I've lost the pen (which[that]) you bought me.

    ③ I've lost the pen (which[that]) I put on the desk.

14. ① I know the boy who[that] has everything.

    ② I know the boy who[that] is learning English with you.

    ③ I know the boy (who[whom / that]) you are talking about.

15. ① The information (which[that]) you told me helped us a lot.

    ② The information (which[that]) he found on the Internet helped us a lot.

③ The information (which[that]) I read on the book helped us a lot.

실전테스트 (Part 8-10)

서술형 주관식 평가 ❹ p.201

1. possible

2. the most beautiful woman in the world

3. more comfortable than that

4. He wants a bigger house.

5. much more than we think

6. tall as David

7. It stopped raining, but we stayed at home.

8. I feel tired if I don't get enough sleep.

9. because

10. ⓑ When you get back, call me.

11. though, was, sad

12. (1) who (2) which

13. which we stayed at

14. who[whom/that] I saw on the bus is seven years old

15. Where is the bag which[that] Bill was carrying?

16. Who are the people (that) you met yesterday?

MEMO

기적의 외국어 학습서

기본기는 탄탄! 실전에서 척척!
유~초등 시기에 갖춰야 할 필수 영어능력을 길러주는 코어 학습서

	기본서 (필수 학습)	특화서 (보완/강화 학습)
유아 종합	만 2세 이상 · 만 3세 이상 · 만 5세 이상 · 만 5세 이상	 3세 이상 전 12권 · 3세 이상 전 12권 · 3세 이상 전 12권 · 3세 이상
파닉스	만 6세 이상 전 3권 · 만 7세 이상 전 3권	1~3학년
단어	출간 예정 · 3학년 이상 전 2권 · 5학년 이상 전 3권	1~3학년
읽기	7세~1학년 전 2권 · 2, 3학년 전 3권 · 4, 5학년 전 2권 · 6학년 이상 전 2권	1~3학년 전 3권
영작	4학년 이상 전 5권 · 5학년 이상 전 2권	3학년 이상 · 4, 5학년 ·  5, 6학년 ·  5학년 이상
문법	2학년 이상 전 5권 · 4학년 이상 전 3권	3학년 이상 전 2권 · 6학년
회화 듣기	기적의 영어 듣기 출간 예정	3학년 이상 전 2권

초등 필수 무작정 따라하기

초등 영어 교육과정과 밀착된 필수학습을 한 권으로 총정리해 줍니다.

| 1학년 이상 | 1학년 이상 | 1학년 이상 | 1학년 이상 | 3학년 이상 |

미국교과서 READING

문제의 차이가 영어 실력의 차이, 통합사고 논픽션 프로그램

    근간 예정 근간 예정

| 초등 초급 전 3권 | 초등 초급 전 3권 | 초등 중급 전 3권 | 초등 중급 전 3권 | 초등 고급 전 3권 | 초등 중급 전 2권 | 초등 중급 전 2권 | 초등 중급 전 3권 |

흥미로운 컨텐츠의 학습서

액티비티가 풍부한 유아 워크북, 노래로 배우는 영어,
디즈니 대본으로 배우는 회화표현 등 재미가 가득한 유초등 영어 학습서

| 4세 이상 | 4세 이상 | 3세 이상 | 3세 이상 | 3세 이상 | 3세 이상 | 3세 이상 | 3학년 이상 전 2권 |

| 2학년 이상 | 3학년 이상 | 3학년 이상 | 3학년 이상 | 3학년 이상 | 3학년 이상 | 3학년 이상 | 3학년 이상 |

| 3학년 이상 | 3학년 이상 | 유아 전 5권 | 유아 |